石は叫ぶ　靖国反対から始まった平和運動50年

石は叫ぶ

靖国反対から始まった平和運動50年

キリスト者遺族の会 編

刀水書房

まえがき

一九六九年、靖国神社国家護持法案を国会に上呈しようとする動きが強まる中、同年四月に「戦没者の遺族にも祀られたくない人がいる」「戦争は父を奪った。靖国法案は私の心を奪う」と声を上げてキリスト者遺族の会が発足した。五年後の一九七四年、ヤスクニ法案は廃案となったが、平和への危機は続く。「キリスト者遺族の会」は平和を守るための運動を発足以来五〇年以上にわたって展開してきた。しかし、戦没者遺族の高齢化・減少により、ついに二〇二一年十二月その歴史の幕を閉じた。

そもそも今をさかのぼること一五〇年以上前の一八六九年に、天皇のために戦死した者を顕彰する東京招魂社（後に靖国神社と改称）が設立された。一八八二年の軍人勅諭下賜、一八九〇年の大日本帝国憲法施行、一八九〇年の教育勅語下賜により、天皇を戴いた国家神道体制が樹立された。伊藤博文は、ヨーロッパ諸国がキリスト教を基軸としているのに対して、皇室を中心とする宗教的君権国家日本を築くことを目指した。伊藤博文、井上毅らが描いた天皇を中心とする宗教的絶対主義国家日本が形成され、戦争への道を進んだ。そして敗戦に至るまで、天皇制国家神道思想は国民に徹底的に叩き込まれた。その結果、敗戦後新たに日本国憲法が制定されたのちにも、国民の潜在意識には天皇崇敬の念が色濃く沁みついて大きな影響を残しており、個人の尊重、信教の自由、政教分離、立憲主義などこの憲法の大原則を貫徹することの妨げとなっている。天皇のために命を捧げることを是としこれを推奨する国家主義的な思想に対し、キリスト者遺族の会の靖国反対運動や平和運動は、明確に「否《いな》」を突き付ける根源的な批判を提起するものである。

この運動の足跡は消え去るものでなく、次の世代に引き継いでいかれるだろうし引き継いでいかれなければならない。それを促すためにも靖国反対から始まった政教分離、信教の自由確保の運動、平和運動五〇年の貴重な歴史の記録を後世に残すため本書の出版が企画された。その編集は、キリスト者遺族の会の発起人であり、中休みの時期を経て、会の締めくくりに携わることになった吉馴明子および会友（遺族ではない支援会員）として運動の脇を伴走してきた木村庸五が行うこととなった。ちなみに吉馴と木村は、兵庫県立神戸高校の同期生である。五〇年の間に発行された遺族の会の機関紙や文集には、貴重な文章が多く寄稿され掲載されているが、分量の関係から、その中から抜粋せざるをえないという苦渋の選択の作業をすることとなった。困難な選択であった。さらにそれをデータ化するという面倒な作業があったが、これには多くの方々がボランティアとして協力してくださり、何とか一冊の本にまとめることができた。刀水書房の中村文江さんには緻密な校正・編集作業・助言で全面的にサポートしていただき、何とか出版までこぎつけることができたことを深く感謝している。

この本が多くの読者に届き、このような運動が若い世代にバトンタッチされることを心から願っている。

木村　庸五

凡　例

●本書は第1部講演編と第2部資料編の2部構成とする。

●第1部講演編では、キリスト者遺族の会五〇年の歴史を、小川武満初代実行委員長、西川重則第二代実行委員長、そしてその後引き継いだ吉馴明子世話人代表の時代を通じて概観した。

●第2部資料編では、この間に本会が出した様々な声明や論考を史料・資料として収める。私たち筆者がみたキリスト者遺族の会の歩みを、遺族の会をとりまく日本の社会の思潮と歴史状況のなかで、史料・資料により確かめ、承継していただきたいからである。この元になるものは機関紙と遺族文集である。

●機関紙「キリスト者遺族の会」は第1号から第186号まで発行された。

●遺族文集は五回発行されたが、そのタイトルはその都度決められており、全体を通じて統一的な題名はつけられてはいない。そこで本書では、出典を示す際に、各遺族文集にそれぞれ略称を用い、刊行年を付すこととした。

第1集『遺族文集―私たちの愛する者は英霊ではない』（一九七一年三月一日発行）→『遺族文集』①　一九七一
第2集『石は叫ぶ』（一九七五年五月三日発行　背表紙に「遺族会文集第二集」とある）→『遺族文集』②　一九七五
第3集『続「石は叫ぶ」』（一九七九年十一月二十二日発行）……………→『遺族文集』③　一九七九
第4集『「石は叫ぶ」第四集』（一九八九年十二月二十五日発行）…………→『遺族文集』④　一九八九
第5集『石は叫ぶ―三〇周年記念―』（一九九九年十一月二十七日発行）…………→『遺族文集』⑤　一九九九

●二〇二一年八月十五日、本会は記念誌『非戦の思想を受けつぐ―西川重則氏と共に歩んで』を発行した。

●目次の表記には声明や質問書に限り「　」を付した。

●目次には調べがつく限りで当該項目の日付を入れた。ただし、調べがつかず出典の月名を入れた場合もある。

目次

II　戦前への復帰はあってはならない

Ⅳ　戦争の無い世界を目指して

石は叫ぶ　靖国反対から始まった平和運動50年

第１部［講演編］

戦争体験を継承し，非戦を望む

［講演Ⅰ］

ヤスクニ反対五〇年を顧みて　戦争体験を継承し、非戦を望む

二〇二一年十二月六日

吉馴　明子（世話人代表）

Ⅰ　はじめに――ヤスクニ反対運動の原風景

今日は、日本キリスト教婦人矯風会百三五周年記念講演会で話す機会をいただき、ありがとうございました。キリスト者遺族の会と矯風会は、近年、二〇一三年の二・二六記念の研修会から共催で公開の学習会を行って参りました。ただ、私たちの「遺族の会」は、敗戦の一九四五年に生まれた者でも後期高齢者となり、みんなで集まって会を運営することが難しくなり、遂に幕引きの時を迎えました。一九六九年四月十八日に発足して今年で五二年になります。

（1）手作りの横断幕を持ってデモ

私の手元に一枚の写真（次頁）があります。これは多分一九七三年大学院を了えるころのもので、横断幕の後を持っているのは、矯風会の服部さんです。あぁ、始まりの頃からキリスト者遺族の会と矯風会は一緒

に、ヤスクニ反対運動をやっていたんだなぁと改めて思ったことです。この横断幕には「戦争は父を奪った。靖国神社国家護持は私の心を奪う」と書いてあるのですが、これが私のヤスクニ反対の原点です。

この横断幕のことばから、話を始めます。まず、「父を奪った」。

父は一九四四年八月（三十八歳）軍医として応召、台中を経て、十二月二十二日ルソン島に上陸し、パレテ峠での決戦の後一九四五年六月半ば総退却を開始[1]、七月十四日敗走中のグループから離脱死亡したとされています。軍医だったので、その仲間の情報で分かったことです。ただし、父は私が一歳の誕生日を迎える前に出征したので、私は父の顔を覚えていません。というか、「父親」というものの存在自体が私のなかに場を持っていません。

次に、「靖国神社国家護持は私の心を奪う」。

先に述べたように、体験の中には「父」はおらず、私の「心の中」or「頭の中」にしか父は存在しないわけです。

「アッコちゃんは、お父さんそっくり」といわれても、自分はどういう人なのか……（朝日新聞の小説、「ひこばえ」を読んで、息子が「父」そっくりなのかもと、大人になった息子をみながら想像してみたことはありますが）。「心／頭の中」の父は、なかなかうまく像を結ばないのですが、それでも、教会で「天国」の話を聞き、牧師が司る「記念会」を通して、母や伯父たちのそして牧師が語る霊的交わりの中の「父」を覚えてきました。きっと、神の御許で相まみえることができるだろうと信じています。

父は一九五五年に靖国神社へ合祀されたらしいと、私たちは推測していました。その年に母へ「臨時大祭参加」のための国鉄（JR）の優待切符が届いたのです。ちょうど私の小学校の修学旅行の時でした。母はその切符を使って、日本YWCAの総会のため上京しましたが、帰ってきてからも靖国神社の話は全然出ませんでした。私たちは、キリスト教で父の記念会をすることはあっても、靖国神社に行って会うなどと考えたことはなかったのですから。

他方、日本遺族会の方々が靖国神社の国家護持を求める場合には、戦死者が靖国「神社」に祀られることを前提にしています。お参りに来るはずの父母や妻、子が、戦没者の霊をより丁重に祀ってほしいと願い、国家の権威づけによる「戦死者尊崇」を求めるのでしょう。そういう方もいるかもしれませんが、私のようなキリスト者の遺族にとっては、空事というか、仏教でいう空念仏を唱えるような出来事です。戦没者遺族が靖国神社での人々の礼拝を願うとすれば、それは戦死した人（の霊）が靖国神社にいると思えばこそでしょう。しかし、それは「父が神の御許にいる」という私の信仰とは違います。信じてもいない神社での礼拝を当然のように奨励することで、「靖国法案」は、「私の心を奪う」のです。

（2）「戦争反対・平和を」「国家と教会」

私たちは、戦争末期にこの世に生を受け、所謂「道徳」の時間がなかった時代(2)に小中学生時代を過ごしました。「戦後民主主義華やかなりし」頃に義務教育を受けた世代といってもよいのですが、「戦争」反対、平和は当然と思っていました。ただ、平和や戦争反対を（国際）政治の問題として意識し始めたのは、学費値上げ反対の大学紛争、（大学二年一九六三年）がきっかけでした。六〇年安保に遅れた世代ですが、在学していたＩＣＵの学生間では、値上げ反対運動の傍観者は、「戦争に反対せず」侵略戦争に手を貸したのと同じ！　という言いがかりのような、理屈がまかり通っていました。そこで以下のような問いが私の中に積み重なっていきました。

・なぜ親たちは戦争に反対しなかったのか、反対できなかったのか。
・「神」か「天皇」か、という問いで「臣民」の忠誠を独占した「天皇制」って何、宗教なの？
・大学紛争での「当局 vs 学生」のアナロジーで、「国家 vs 市民」を整理するとどうなるか？
・「国家」という機構が持つ統制力・強制力、「隣組」という共同体の「多勢の」圧力、
・その中で個人の「内面」が崩され、「信仰」も上手に懐柔されていくのではないか。

大学の授業で丸山眞男の「超国家主義の論理と心理」に出会い、結局「天皇制とは何だったのか」という問いに突き当たり、一九六七年東京大学大学院（日本政治思想史専攻）へ入学しました。

他方、所属教会はＩＣＵ在学中の吉祥寺教会（竹森満佐一牧師）から、東京告白教会（渡辺信夫牧師）へ移りました。中高までは日本基督改革派の神港教会（田中剛二牧師）で育ち、そこで学んできたカルヴィニズム、

「福音的」キリスト教の示す個々人の内面的な救いと、「全知全能」・愛と慈しみの神のこの世に対する支配との関係をどう考えればいいのか(3)。紛争も含めて大学時代は疑問がふくらみ迷路にはいっていくようでしたので、「キリストの主権」ドイツの「告白教会」を語られる渡辺信夫牧師のもとで、何とかこの社会と切り結ぶキリスト者の道を見つけたいと願ったのです。

Ⅱ　キリスト者遺族の会の発会〜一九七〇年代

(1)　靖国神社法案の上程とキリスト者遺族の会の発会

修士論文は「小崎弘道――国の元気としてのキリスト教」で、一九六八年十二月に提出しましたが、一九六九年になって、靖国神社の国家護持を求める靖国法案が国会に上程されました。この法案は、「天皇制」の疑似宗教的特質を顕わにするものでした。「天皇制とは何か」が知りたいと大学院に入った身なので、靖国神社法案を見過ごすわけにはいかないと思いました。

なお困ったことに、この法案は「日本遺族会」が支持母体となっているのです。たしか、神戸の我が家の門柱には「遺族の家」というプレートが張ってありました。「遺族会」の名簿も（靖国神社合祀者名簿同様）、厚生省からでる戦没者名簿に基づいて作られ(4)、戦没者遺族は、自動的に会員とされていました。このような事情を渡辺信夫先生に話したら、「「遺族にも、靖国神社に祀られたくない人がいる」って声を上げなければいけませんよ」と、言われるのです。

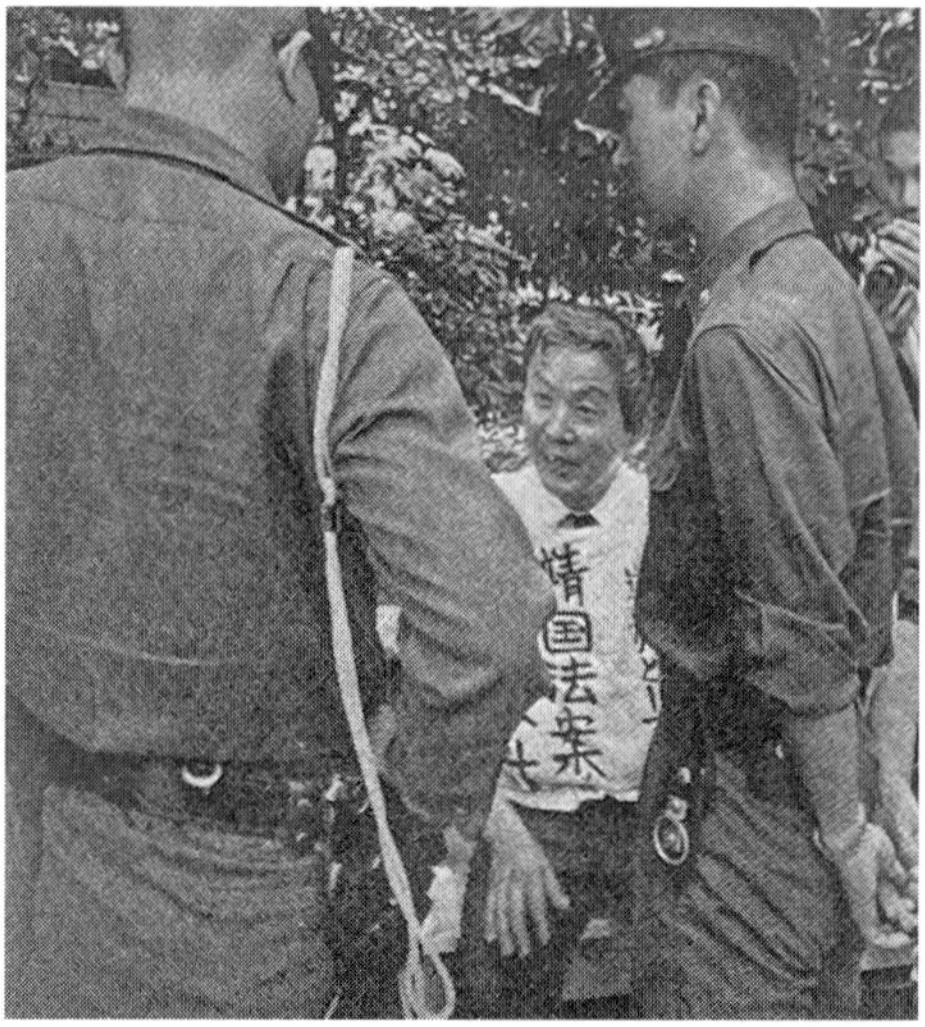

靖国神社境内で小川委員長と退去を要求する警官
（1970 年 8 月）

一九六九年四月からは博士課程に進学し、その四月十八日、渡辺信夫牧師に促されるまま、小川武満先生、角田三郎先生、西川重則さんと若手数人で「キリスト者遺族の会」の発会式がおこなわれました。渡辺先生と告白教会の伝道所委員と友人たち、その中には神学生もいましたが、同年代の若い人たちが事務的な仕事を手伝ってくれるなど、教会員の方々のバックアップを受けました。

（2）キリスト者の遺族が靖国神社法案に反対する二つの理由

発会にあわせて『福音と世界』と『世界』にアピール文を投稿しました。『世界』（一九六九年四月）掲載の靖国神社法案反対の理由は左のようなものです。

①　「信教の自由」を守るための戦い

・ただ神のみを主とする信仰を持っているキリスト者にとって、戦死者の霊が祀られているからと靖国神社に参拝することはできない相談である。
・人が、拝んだり、崇めたりの所作をする場の「靖国神社」は宗教。それを「国家護持」すると、国家宗教になる。国家宗教はあってはならないので、国家が靖国「神社」から手を引くことを求める。靖国神社を潰せと言っているのではない。

・靖国神社に戦死者を祀ること自体が信仰と抵触すると考える人が、たとえ少数であろうとも存在する限り、それを多数、国民感情を頼んで否定することはできない。それが「信教の自由」の意味である。

② 戦死者を国に祀ってもらう事に、栄誉・意義を見出すことに対する否定

・もし、自分たちの生死の価値づけを国家に求め、自分達の魂を国家にあずけてしまうなら、政治家たちによって編み出される「国家の政策」を批判することができなくなる。

（3）時代――東大安田講堂攻防戦（一九六九年一月）

靖国神社法案が提出されたのは、大学に全共闘運動が吹き荒れていた時代です。教会にもその影響が及んだのか、ヘルメットに手ぬぐいマスクスタイルの青年たちが「ヤスクニ」反対集会にも参加していました。「ヤスクニ」は、十五年戦争下での教会の歴史をふり返る機会となったので、スタート時は既成秩序を問う「全共闘」ふうの議論になじむ面もあったでしょう。それは同時に、「国家と教会」という重い課題に繋がる信仰の戦いでもあり、私たちの五〇年もその課題を負って歩んできました。

個人的には、私大から東大大学院法学研究科へ入ってきた紅一点の院生がなんか署名用紙らしきものを持って運動をしているようだと、社研の教授に不思議がられたこともあったとききましたが、福田歓一先生（西欧政治思想史）が「あぁ、ヤスクニの吉馴さんね」で一件落着だったそうです。福田先生は『国家と宗教』の著者南原繁の学統を継ぐ研究者です。東北大学の宮田光雄先生は、私のアピール文をすぐに見つけて、『現代日本の民主主義』に引用され(5)、信教の自由が「人権」にとってどれほど重要かを説かれました。

Ⅱ－1　霊璽簿（記名）抹消要求

（1）キリスト者遺族の会の最初の行動

一九六九年八月十五日、角田三郎牧師（兄戦死）ら三人(6)が「霊璽簿記名抹消要求」のために靖国神社へ行きました。西川重則さん、小池健治弁護士が同行されました。

八月二十七日、改めて、靖国神社池田権宮司と遺族との間での話合いがおこなわれました。この席上、島崎貞さん（ご子息戦死）が「人間が神として祀られることは、自分の良心からして非常に心苦しいから早く霊璽簿から抹消してほしい」と要望されました。池田権宮司は以下のように回答しました。

「靖国神社はその創建の由来が明治天皇の「一人残らず戦死者を祀るように。いつまでも国民に崇敬されるような施設（神社）を作れ」との御聖旨により創建されたものであるから、遺族や第三者が、祭ってくれとか、祭ってくれるなといわれても、そのような要求は断らざるを得ない」

家族が亡くなると、「喪主は誰？　お葬式は仏式か、キリスト教式か」と、家族、親しい親戚、勤務先の友人、所属教会の友人らが、ヤキモキする大問題となります。ところが、亡くなった方のもとへ駆けつけ、このような問題に関わりながらご葬儀の準備をする人たちを、靖国神社は「遺族や第三者」と呼び、彼らは「戦死者を靖国神社へ祀るか否か」に口出しすべきでないと、私たちの要求を邪険に斥けました。

絶対おかしいですよね。戦死者当人からみれば、神社こそ第三者ではないですか！　それなのに、第三者の靖国神社が誰を祀るかを一方的に決め、戦没者「遺族」たちの意思は全く顧みられないのです。私たち遺

結成後初の霊璽簿抹消要求に（靖国神社社務所にて　1969年8月）

族は「戦死者だから」って、「軍人」扱いで祀られたくはない！　父は確かに日本軍の兵士として死にました。でもそれは、私たち家族には、乳児院院長だった父の生き方の決着としての死ではなかったのです。父の葬儀の写真は髪を七三《しちさん》に分けた背広姿の写真で、私もそれを父の遺影としています。「遺族」の願いや要求を無視する神社が、ほんとうに国民から「崇敬」されるのでしょうか。

（2）話合いから明らかになった靖国神社の本質

靖国神社が戦死者を祀るのは、「悲しみ苦しんだ（兵士の）魂への慰霊鎮魂」ではなく、「天皇と皇国」に仕えた勲功をたたえるためであり、それを行うのは天皇である」と、角田牧師は言われます(7)。「天皇の思召による合祀」によって、一人の兵隊（臣民）の生と死が讃えられることが、靖国神社に合祀されることの意味なのです。

生きている間は天皇のために戦う義務を負い、死んでからも天皇の臣下としての「栄誉」に縛られ、父たち戦争の中で死んでいった者は、私たち遺族の「思いの中に静かに眠る」ことさえ許されない。プライバシーの侵害に他なりません。

Ⅱ－２　靖国神社法案の提出、首相の靖国神社参拝とヤスクニ反対

（１）靖国神社法案の内容

靖国神社を一宗教法人から日本政府の管理下に移し、政府が英霊を慰める儀式・行事を行い、国がその役員の人事を司り、経費の一部を負担または補助すると規定している。

（２）提出の経緯

一九六九年から一九七三年にかけて靖国神社法案は議員立法の形で自民党から計五回提出、いずれも廃案。

（一九七三年度は衆議院で可決されたが、会期延長で七四年になってから参議院で審議未了となり廃案。）

一九七五年に「戦没者等の慰霊表敬に関する法案」（「表敬法案」）が藤尾私案の形で公けにされたが、国会には上程されず。

一九七六年六月「英霊にこたえる会」結成。十二月二十四日福田赳夫首相就任。

（一九七七年六月学習指導要領案で、「君が代」が国歌と明記された。）

一九七八年四月二十一日（春期皇霊祭）と八月十五日、福田首相は靖国神社参拝。

十月三日元号法制化国民会議が開かれ、

一九七九年六月六日「元号法」が成立した。

（３）キリスト者遺族の会の活動

一九七五年八月十五日　戦没者遺族宣言。
一九七六年八月十五日　戦没者遺族の訴え。
一九七六年十一月「天皇在位五十年記念式典」に対する抗議声明。
一九七七年八月　公式参拝は慎重に、と宮内庁へ申し入れ。
一九七八年二月「建国記念の日」を政府後援とすることへの反対声明。
一九七八年五月　福田首相の靖国参拝に抗議声明、
　八月十五日　同参拝に抗議行動。
一九七九年四月　大平正芳首相の靖国参拝に抗議行動。
一九七九年八月十五日　キリスト者に訴える。

右の年譜を見ながらヤスクニ反対運動の流れをまとめると、キリスト者遺族の会発会から十年の間に、靖国神社法案推進側は、初め「靖国神社法案」制定への攻勢、ついで「神社」の枠を超えて「天皇の威光」を以て靖国神社を高める試み、さらに首相や閣僚ら「公人の参拝」によって、「靖国神社は特別な神社」のPRを広げていった事が分かります。私たちはこのようなヤスクニ推進の動きを何とか止めようと、反対声明や抗議行動をおこなったのです。特に一九七五年「表敬法案」の提示、一九七六年「英霊にこたえる会」結成を境に、遺族の会は、発足当時の「靖国神社法案」反対から、靖国神社をバックアップする天皇・首相など「公的」機関の動き、靖国神社を中枢に据えて形作られようとしている「天皇制的」秩序に対する異議申し立て、反対行動へと反対運動を広げていったのです。

この他、靖国法案の本質・特性を憲法に照らして明らかにするための学習と活動もおこないました。ヤスクニ違憲訴訟がそれです。

一九七一年二月　違憲訴訟について弁護士と協議。

一九七四年一月　原告団発足。十二月　靖国違憲訴訟提起宣言。

一九七五年八月下旬「違憲訴訟の確認と表明」を携えて宮内庁及び内閣へ趣旨説明に行く。

一九七八年一月十二日　靖国違憲訴訟を支援する会を組織。

一九七八年五月　研修会「ヤスクニ違憲訴訟と今後の課題」講師今村嗣夫弁護士、西川重則。

以上で述べたヤスクニ推進勢力に対抗する政治の舞台での運動だけではなく、自分たちの足元を固める、あるいは私たち「遺族」の主張や思いに共感を寄せてくれる人々を一人でも増やすための活動もしました。一九七三年津久井集会、一九七八年アジア証言集会、一九八二年台湾遺族団との交流など、地域の遺族会に働きかけ、日本という国を超えたアジアの人々との交流を進めました。次にこのような活動について述べます。

Ⅱ-3　遺族たちの輪を拡げる

(1) 津久井集会——一九七三年四月二十一日、於津久井湖記念館

（神奈川県津久井郡〈現相模原市緑区城山〉）

小川武満先生の診療所は橋本からバスで三〇分の緑区葉山島にある（記念館からもバスで三〇分位）。

出席者数、キリスト者遺族の会会員ら二〇人、日本遺族会津久井郡遺族会三〇人。この集会は「遺族」一般や、その周囲にいるムラや近所の人たちへの働きかけ、対話の試みに他なりませんでした。講師は西川重則さん。

西川さんは、遺族こそ平和を望んでおり、遺族会は遺族同士の相互扶助の立場で「遺族厚生連盟」として出発したことを確認の上、靖国神社法案反対の理由を次の四点にまとめました。

① 天皇を神とする「国家神道」的なものが復活し、個人の宗教の自由が圧迫されていく。

② 靖国神社は日本人の祖先たちの霊所ではなく、天皇のために死んだ人々を祀る神社である。

③ 英霊には、台湾・韓国・中国（満州を含む）や東南アジアの国々で戦った人たちが含まれ、アジアの国の人々から見ると自分たちに残虐行為をおこなった人たちが祀られていることになる。

④ そこに、現役の大臣がお参りし、天皇の参拝が待たれているとなると、アジア近隣国の戦争被害者と遺族たちの気持ちを逆なでするのは明白である。

この後、小川先生の穏やかな「みなさんいかがですか」の声に促されて、参加者から発言がありました。

1　一人の老人「自分の息子は、満州の東寧で行方不明のままで、戦死として処理された」

2　「私の夫は硫黄島で玉砕した」

3　「自分の息子は満州開拓団員で殺された」

4　「自分の夫は軍属で連れて行かれ、南方で船が沈んで死んだ」

など、愛する者を失った者たちの思いが語られました。

そのような悲しみ、悔しさ、憤りなどの入り交じった感情の深い渦のなかで、藤川渓子さんが、「私は夫が靖国神社に祀られていることを恥ずかしい事だと思っています」と発言された。「恥ずかしい」……名誉なんかでない……、なぜ軍人でまつられているの、絵かきで生きているはずじゃなかったの？　というような悔しさの混じった思いだったでしょうか。

元城山町町会議長で歌人の加藤さんからは「戦没者がいなければ、遺族はいない。戦争を再びしないことこそ遺族の願いだ」。高校教師の遺児からは「この法案は遺族の心情を利用して、戦争の準備をする法案だから反対します」という発言もありました。

他方で、有力な町会議員から「国のために戦場へ出て死んだのだから、皆英霊として崇むべきでないか」との発言があったが、西川さんが反論しました。「誰を英霊とするかを決定するのは、総理大臣で、敵前逃亡とされた戦死者は英霊として祀られない。例え英霊として祀られ、盛大な慰霊祭がおこなわれたとしても、それで私たち遺族の心は慰められるのでしょうか。この法案が通ったら果たしてほんとうに慰められると思っていますか！」と。この時、期せずして拍手が起こりました。

「法案の賛否を超えて、遺族としての共感と深い感動に打たれた拍手だった」と小川先生。藤川さんは「これ以上掘り起こすことのできないレベルでの戦争遺族たち」と「膝をつき合わせた、土地弁丸出しの話あい」であったと言い、津久井郡葉山島という〝無医村〟で医療伝道を続けて来られた小川先生の働きなくしてはあり得ない「遺族から遺族へ」の語りかけであり、話合いでした。

（2）沖縄訪問

一九七四年小川先生は復帰後の沖縄を靖国神社法案反対の講演のために訪れました。二度目の沖縄訪問です(8)。この時の沖縄の印象を小川先生は次のように語っています。

「海洋博のために崩された山、泥土にあかく汚された海、日本からの暴力団が入り込んだための暴力団の抗争、狂乱物価の中で失業の不安と絶望、特に復帰運動に情熱を傾けた人々の挫折感に出会い……、

過去の歴史の中で①日本は沖縄に何をしたのか？　②米軍占領下の沖縄の実態は何か？　日米両国は沖縄をどうしようとしているのか？」(9)

御自身の講演の機会を、沖縄の人々の話を聞く機会に変えて、先生はこれらの問いへの答えを探そうとされたに違いありません。先生の答えはこうです。

①日本政府は、沖縄を国防上の最前線基地と位置づけ、生徒に対しては「国家主義教育」を徹底し、「最も尊敬すべきものは天皇陛下」、「天皇のために生き、天皇のために死ぬ」と教えた。そして集団自決へと追い込んだ。日本人は沖縄を「徹底的に天皇のために教育し、利用し、最後には切り捨てた」。

②戦後沖縄を軍事基地として占領したアメリカはどうか。上意下達のため天皇制官僚機構をそのまま温存し、民主化せず。さらに朝鮮戦争、ベトナム戦争の両戦争の間、沖縄は直接発進基地となり、爆撃機の墜落事故、核兵器の恐怖の中に置かれ続けただけでなく、戦場と直結し、狂気のようになった米兵たちの残虐な殺人行為も続いた。それゆえ、米軍支配から解放され、「平和と自由と民主主義を三本柱とする日本国憲法の下にある、核をもたない国日本に復帰する」ことが民衆の熱烈な要求となったと理解。しかしこの民衆の夢と希望も、一九七二年五月の沖縄返還の実現によって破られた。

人々の「挫折」の正体を小川先生はここに見たのです。この不条理な現実にもかかわらず、戦争の惨禍を最も深く味わった沖縄の人々こそ、平和を作りだす原点にたっている。沖縄の人々は「戦争と武力行使の放棄」を手放さない、と理解されました。それはあの大戦を経験してきた者すべての決意であったはずです。「国権の発動たる戦争によって、二千万以上の隣国の民衆を殺し、流血の悲惨をくり返し、何らの解決をも得られないままに、最も大切な愛する者の生命を、天皇の名によって、国のためにとの名目で奪われた戦争体験者、戦没者遺族の固い決意の表れといえる」。

身勝手な「国権の発動」を許してはいけない。九条とヤスクニ反対との不可分な関係を小川先生は沖縄遺族の会の人々との話しあいから引き出されました。

「私たちは主権者なのだから、政府の行為を絶えず監視しなければならない。神権天皇を復活させ、戦争につながる靖国神社法案反対運動を、すべての国民がしっかりと手をつないで押し進めなければならない」と。

ひめゆりの塔、健児の塔のある沖縄。この沖縄に日本の各県が競って慰霊碑を建て、多くの日本人が慰霊の名目で沖縄を訪ねる。だが、その訪問者の中には集団自決を命じた赤松大尉もいる。反戦平和を願った「慰霊の日」が、「慰霊顕彰の日」に変えられる危険が迫っていると、小川先生は沖縄訪問の記を結んでいます。沖縄の遺族の方々の存在の重さを考えさせる訪問記というべきでしょう。

（3）アジア証言集会——一九七八年八月五日、中谷訴訟東京支援会、政教分離の会共催

（今村嗣夫弁護士の仲介でおこなわれた集会）

小川先生（北京の陸軍病院の軍医として、当時の中国で日本軍がしたこと、兵士たちの様子を熟知）の発言は次のようです。

①日中戦争で死んだ者たちが、その地で相手国の兵士と民衆を殺し、犯し、奪う者であったことを思い起こしつつ、戦没者遺族宣言七項を引いて訴えられました。

②「わたくしたちは、戦没者が、アジアの隣国に対する日本の侵略戦争に参加し、多数の隣人を殺害した加害者であることを忘れず、深い悲しみと悔恨の心をもって、再び……このような事をくり返さないように、民族・宗教の枠を超えた遺族による新しい運動を展開する決意を表明します」。

③同時に国内の現状に対して「天皇信仰に支えられた靖国神社は、元海軍少佐の宮司を迎え、現役総理の参拝、天皇の公式参拝を求めている」。この動きを阻止し、靖国違憲訴訟支援のため、共に立とうではないか。

「戦没者はアジアに対する加害者である」「遺族もアジアに対する加害責任を覚えるべきである」との主張は、西川委員長にも引き継がれキリスト者遺族の会の基本姿勢となりました。

（4）**翌一九七九年二月十二～十四日、台湾から遺族の方々が小川宅に止宿**

十三日、国会請願。十四日、靖国神社での霊璽簿抹消要求、厚生省援護局での遺族に対する保障について話し合い。

この二晩、小川宅にて石崎、南部、西川さんら数名のメンバーが、台湾遺族の方々と懇談の時をもちました。神社も援護局も、通り一遍の返事しかせず、アジア諸国のことなど一顧もせず、汲々として自国の復興にのみ熱心であったことを思い知らされたと、若い会友の南部正人さんが記録を残しています。台湾へ帰国される日の早朝、小川先生を中心に早天祈禱会が持たれ、主イエス・キリストにある慰めを求め、また感謝と讃美を捧げました。

Ⅲ　八〇年代～一九九二年――研修会の複数化、「非戦」を前面に

（1）ヤスクニ側の動向――A級戦犯合祀、元号法制定

一九七八年十月十七日、靖国神社はA級戦犯を「昭和殉難者」として合祀（一九七九年四月十四日の『朝日新聞』）。天皇は、以後ヤスクニ参拝していません。ただし「戦争責任」については、「言葉のあや」と濁して、応答しません。

一九七九年六月六日、「元号法」成立。一九八〇年代に入ると、日本において「天皇」の位置、意義が重くなります。

（2）遺族の会の動き

一九八一年から中川正子実行委員宅で、二ヶ月に一回、委員会を開くようになりました。委員――木邨健三、三浦永光、小川武満、西川重則、石崎キク、根岸愛子、湯川貞子。機関紙の発送は、機関紙を折って封筒に入れ、封をして切手を貼るなど、結構手間暇のかかる仕事でした。そうそうたるメンバーが働きながら、話も弾んだようです。

一九八二年四月、アンケート「戦争・憲法・天皇」、一九八九年四月、アンケート「天皇葬儀の日をどう過ごしたか、何を感じたか」をおこない、機関紙にその結果を掲載しました。通信でつながっている会で、会員の考えや気持ちを相互に知ることのできる大切な企画でしたし、それぞれのテーマ設定が時代を語り、会員の関心を語っています。

（3）研修会の場所とテーマ

研修会は引き続き、五月三日東京で開催する研修会に加えて、十一月下旬に全国各地でおこなう、年二回開催が基本でした。この時期の研修会は『石は叫ぶ――三〇周年記念』に年表で掲げられていますので、これを基にキリスト者遺族の会が、時代の変遷の中で、様々な角度から問題に迫ろうとした有様を見ておきたいと思います。

①　天皇制を沖縄の視点で問い直す

一九八〇年五月（東京）「教育の中の天皇制」（神山利子）、十一月「沖縄にとっての天皇制」（金城重明・中原俊明）。

これらは、一九七四年の小川先生による沖縄訪問、アジア証言集会での問題提起を受けての集会でした。この諸集会を通じて遺族と遺族の会メンバーは、自分たちが戴き、かつ支配されていた「天皇・天皇制」を、改めて外から――攻められ、死を強いられた「アジアの側」から――見る事を学んだと思われます。特に李仁夏氏は機関紙40号（一九八〇・八・一）で、「アジア証言集会で皇軍の軍靴により一八〇〇万余の犠牲者が出、旧台湾、朝鮮出身の「英霊」が五万ちかくも靖国に祀られているという」実態が明らかにされた事に触れて、遺族の会の闘いが、「必然的帰結として、アジアを発見した」といわれました。すなわち台湾・朝鮮出身者は、強要された「忠誠」のために、「日帝協力者という屈辱・恥」に貶められているということです。この「アジアからの視点」の提示によって、一九八〇年は遺族の会の運動が少しですが転換した年となりました。

②　一九八一～八四年　キリスト者遺族の会の立脚点と活動方向の再確認

一九八一年五月「靖国法案の源流」(戸村政博、西川重則)。この年、西川副委員長をフランス、ドイツに派遣。引き続き、キリスト者遺族の会の立ち位置と運動方向の再確認が続けられました。

一九八二年五月「抵抗権――その歴史と課題」(渡辺信夫、西川重則)、十一月(名古屋)「私たちにとって追悼とは何か」(幸　日出男)

一九八三年五月「八三年をいかに闘うか」(小川武満、山下秀雄)、十一月(仙台)「みことばに学ぶ――平和をつくり出す遺族」(森野善右衛門)。この月の下旬には小川武満著『平和を願う遺族の叫び』(新教出版社)の出版記念会が盛大におこなわれたと、機関紙54号にあります。キリスト者遺族の会は戦死者の追悼から、「平和」を希求する方向へ重点を移しつつあるように見えます。

一九八四年五月「八四年をいかに闘うか」(大川一郎、二宮忠弘)、九月「日韓教会の過去に学ぶ」(池明観)、反ヤスクニの戦いの中から、私たちはアジアへ目を開かれ、日韓教会の歴史を学びました。しかし、私たち遺族の会は「植民地朝鮮」に対する弾圧と、キリスト者の加担について、どれほどまじめに取り組んだのか、その後の歩みを見て、忸怩たるものがあります。十一月(箕面)「戦没者遺族とは」(熊野勝幸・神坂玲子・古川佳子)。

アジアから日本を考える（小田原教会にて　1987年5月4日）

③　一九八五年～一九九二年「忠魂碑」違憲訴訟、天皇の代替わり、平和へ

一九八五年五月「箕面訴訟に学ぶ」（鹿島宏弁護士）。

この研修会では一九八四年「忠魂碑」違憲訴訟大阪高裁での証言について学びました。三浦永光会員の証言は「戦没者の慰霊・顕彰」を目的とする忠魂碑の宗教性と、「肉親がそこに祀られており、それゆえにそこに参拝する慰霊祭」への公人の参加が「政教分離」原則に反するというものでした。その通りです。「戦没者は天皇に「忠誠」を尽くした、それ故に「顕彰」される、などということは絶対あってはならない」と、私たちも言い続けてきたのです。三浦さんはこの証言に立った時のことを忘れられないといいます。ご自分の証言が、地元の遺族の方々の声と共鳴し、いや、しっかりと地元の遺族の方々に支えられ、押し出されているという確信を持たれたのではないでしょうか。それはいたずらに堂々とした靖国神社に対する空を打つような反対運動とは異なり、

春の研修会　恒例のヤスクニレポの西川副委員長（1989年）

具体的で一層身近なヤスクニ反対の戦いだったからでしょう。私たち遺族の思いを一つにして、町のヤスクニを共に戦いましょう。平和遺族会結成への機運が高まっていきました。

十一月（甲府）「友のために命を捨てるとは――平和遺族会の課題を求めて」

一九八六年五月「君は戦争を選ぶか――第九条の今日的意義」（杉原泰雄）

七月七日、平和遺族会全国連合会結成（代表小川武満）。

「平和」を願い求める遺族の、宗教の相違を超えた全国連合会を結成しました。キリスト者遺族の会とは別組織ですが、平和を願う遺族として、キリスト教という枠を超え、共に協力して活動する別働隊のように捉え、北川裕明さん（小川先生の奨めで神学生時代に入会、会友としてずっと実行委員）を会の代表として送りました。始まったばかりの頃は、その活動について、キリスト者遺族の会実行委員会で話し合われ、機関紙にも報告が載っています。しかし、ほどなく真宗平和遺族会、旭川平和遺族会のような、宗教別、地域別に立てられた様々な平和遺族会との連合体として発展していきました(10)。

一九八七年九月（浜松）「平和憲法四〇年と戦没者遺族」（小川武満）。

この年九月二十二日、昭和天皇が腸のバイパス手術を受けたと発表があり、天皇の代替わりが近いというので、その伝統的な神道的儀式「大嘗祭」について、キリスト教の視点にたつ学習がなされました。

一九八八年五月「天皇の葬儀と大嘗祭」（笹川紀勝）の他、「大嘗祭と天皇制」（角田三郎）、一九八九年「新象徴天皇制と大嘗祭」（大川一郎）らの講演をきき、一九九〇年、シンポジウム「即位の礼・大嘗祭と私たちの信仰」（西川重則・小池創造・三浦永光・中川正子・朴晋雨）、さらに一九九一年「ポスト大嘗祭をどう生き抜くか」（牧野信次）、一九九二年「アジアから問われるもの――隣人なき天皇制」（鈴木正三）まで継続しました。

Ⅳ　西川委員長時代（一九九三年五月～二〇一六年三月）

一九九三年五月定期総会で、委員長が小川武満先生から西川重則氏に交代。翌一九九四年定期総会で、会友も決議に加わることができると規約改正。実際、会友の方々の協力なしで、「遺族の会」は動かないのが実情でした。

（1）研修会講演にみる動向――戦没者もアジアに対する加害者

総会時の研修会での講演をつづいて拾ってみると、「戦没者はアジアに対する加害者」という主張が浮上してきます。

一九九三年「今、この国にあって主に従う――非戦主義の今日的意義　H・シュテールの生涯に学ぶ」講師＝雨宮栄一。一九九四年「歴史的現在をどう生きるか」講師＝弓削達。一九九五年「戦後補償と憲法」講師＝内田雅敏弁護士。

①　ヒロシマ・ナガサキの「被害」の元は、パールハーバー。それは日本の中国侵略という「加害」に対するもの

弓削達講演（機関紙110号）は、弓削夫人の「最愛の弟を戦争で失った被害者よ」という「被害者意識」は、「絶対消えないだろう」と認めるところから始まります。それでも遺族が「侵略戦争を起こし数々の暴虐を働いた日本国民の一人であることもたしかである」と相反する立場を対置させ、その上でこの加害者・被害者という対立する立場を、キリスト者として乗り越え「共生」へと進めるには、「日本人は何をやったか、史実をありのまま見なければならない」と言います。

戦後五〇年、日本軍のアジア、太平洋各地での行動が明らかになったにもかかわらず、日本人はひどい目にあったという意識が消えません。その最大の理由となっているのは、ヒロシマ、ナガサキです。ところが、この原爆製造を本格化させたのは、実は「日本の宣戦布告なしのパールハーバー急襲」でした。それまで原爆製造に批判的だった科学者が集まるきっかけとなり、巨大資本の協力も集まって、原爆製造のための研究

が本格的・強力に進められることになったと言われます。つまり、「被害」の原因は「加害」（日中戦争の拡大――柳条湖・盧溝橋・南京事件、そしてパールハーバー）にあったと、弓削は説くのです。

私は「太平洋戦争」末期に生まれ、敗戦と焼け野原から人生をスタートさせた世代です。中高時代には現代史をほとんど学びませんでした。大学になって現代政治史や国際関係を勉強するようになっても、太平洋戦争は三国同盟との関連で、イタリア・ドイツvsイギリス・フランス＝アメリカなど軍事・経済を含むヨーロッパの国々との対抗関係で学ぶことが多く、日本の中国侵略と関連づけてみることは少なかったのです。本来はアメリカの石油禁輸に奮起する前に日本は自分の位置と実力とをきちんと認識しなければならなかったのです。しかし、日本はそこでいったん留まることなく日米戦争へと突き進み、一層戦線拡大を図ったのが真珠湾攻撃であり、その後三年八ヶ月に渡る日米戦争となったのです。こう読むと日米戦争は、日中戦争の総決算として位置づけられるでしょう。

② 戦後補償は「アジア・太平洋戦争における戦争責任の追及」

この翌年の講演（117号）で内田雅敏は語ります。戦後の「護憲運動にも、歴史認識、とりわけアジアに対する加害者としての歴史認識が、欠如していた」「八月十五日の敗戦を経ても日本自らは何ら変わろうとしなかった」。ポツダム宣言を受け入れるか否かの関心事は「戦禍に苦しむ民衆のことではなく、国体護持であった」。戦争責任の追及とは、単に支配層の責任を追及することではなく「歴史の連続性を切断する作業でもある」「戦後補償の実現は単に被害者に対する補償のみならず、私たちが日本の近・現代史と向き合い、アジア・太平洋戦争における戦争責任の追及をなすことである」。このように、弓削、内田両講演において、日本のアジアに対する「加害」という歴史認識の欠如が強調されました。

この二つの講演を続けて読むと、中国に対する一連の「加害」行為である日中戦争の歴史的因果関係の上に日米開戦があり、ヒロシマ・ナガサキへの原爆投下、遂に日本はポツダム宣言受諾へと進みます。「被害者だ被害者だと思い込んでいると、実は非常な加害者としての日本人に到達するという次第であります」。「複雑な政治過程を捨象する」と、スッキリと「加害者」日本の姿が見えてくるというわけです。

憲法九条に表される非武装・非交戦を核とする新しい日本の歩みは「加害責任の明白な告白」、大日本帝国時代に犯した戦争犯罪の追及、特にアジアの国々への加害者責任の告白によってのみ可能なはずでした。しかし、アメリカの顔色だけを窺って、天皇制との対峙を怠り、真摯に戦争犯罪と向き合わず、加害責任の告白を怠ったがために、日米安保、自衛隊の拡大などと容易に逆コースの道を日本は歩むことになったと、弓削、内田講演は語りました。

③　「戦後五〇年国会決議」「戦没者追悼平和祈念館」強行建設開始

私は一九九四年四月末から一年、イギリス（ケンブリッジ）へ研修に出ていたので、このお二人の講演を聴いた記憶がありません。だからでしょうか、西川さんが「日本はアジアに対して加害者なんです。だから謝罪しなくてはいけない」と強く主張されるのを聞いて、正直とまどいを覚えました。あれはいつだったのかなぁと、文集の年表を見たり、機関紙をひっくり返したりして、これらの講演に行き着きました。さらに年表もみると、一九九五年六月九日には「戦後五〇年国会決議」が衆議院だけで決議され、「戦没者追悼平和祈念館」（後の「昭和館」）が強行着工されています。国会決議には、植民地支配を他の国もやったのだから日本は悪くない、というようなニュアンスの文章が見られます。「祈念」館は「英霊顕彰」の「博物館」バージョンになるのではないかとの懸念がありました。西川さんが書いた「九六年の課題」では九五年から積み残された問題として、祈念館問題、靖国・護国神社公式参拝・合祀問題、ＰＫＯ法、沖縄を軸とした安保問題などが掲げられています。

このような政治的状況を背景に、弓削、内田講演を聴き、決意を新たにする必要があったのではないでしょうか。まとめると次のようになると思われます。

「一五年戦争は中国に対する「加害」戦争であり、それに参加した兵士たちもまた、軍隊の一員として「加害」者であったといわねばならない。戦死した私たちの息子・親や兄弟たちも、例外ではない。つまり私たちの愛する戦没者は、望むと望まざるとにかかわらず「加害者」であった。それならば、残されたものも加害者遺族として、その責任を負うべく隣のアジアの人々に向き合い、詫びなければならない」。

これはもっとも大切な愛する者を喪った者には、容易に受けいれがたい響きを持つ文章だと思うのですが、「戦死者も「加害者」なんですよ、だから、遺族も（日本人として）謝罪しなければならない」（しばらくすると「謝罪」という言葉はあまり使われなくなったようにも思いますが）は、会員に向かっての問題提起の意図があったのかもしれないと思います。当時の機関紙から一端を窺い知ることができます。

一九九五年二月（114号）「加害者と被害者」では、木邨健三さんが、一九七五年に出した私たちの「戦没者遺族宣言」について、「戦没者が、多数の隣人を殺害した加害者であったことを忘れず、深い悲しみと悔恨の心をもって、再び、このような事をくり返さない」との決意を語っている、とポジティブに評価、確認しています。一九九六年八月（121号）にはアンケート「被害、加害問題について」が掲載されています。

井上健さんは、アンケートに答え、次のように言っています。

「個人的に言えば、父は加害者の故に自ら命を絶ったが、そこまで追いつめられた心境を思うと……。国民が積極的に支持した戦争で、国民の結果責任は十分ある……それを清算せず謝罪せず、「戦後補償」もアイマイにしている「戦後責任」は重い」。

（2）加害責任を踏まえた平和論を！

「戦死者も加害者」論が議論された頃の様子を尋ねると、北川さんからは次のような説明が送られてきました。

二度とあんな悲惨な体験をしたくないという「被害者」意識からの平和希求だけなら、台風被害に遭いたくないというのと変わらない。あの戦争が何故起こり、何がおこなわれたのか？　歴史の事実を明確にすることと共に、その責任を加害国（者）として受けとめていくことこそ、真の平和（主の平和）を造る道ではないかというような議論になり、だんだんと「加害（者・性）」という言葉を使うか否かが、非戦論・平和論の真贋を計る基準になり、遺族間に分断・対立構造が強まったのではないか。

分断までは行ってないのではと思いましたが、でもこんなことがありました。戦後まもなく我が家に下宿（?·）して神戸医大でインターン時代を過ごした叔父（母の他の三兄弟同様召集されたにもかかわらず、九州から出ず敗戦を迎えた）は、この議論が起こった頃に「遺族の会何やっとんねん、辞めるぞ」と退会してしまったのです。叔父は「戦死した親しい友人や、親族にシンパシーを持ち、グリーフを受け止め、慰めを得て、生きていってほしい」と思っていたのだろうと思います。母は退会しませんでしたし、私も「憤慨」はしませんでしたが、「死者にむち打つようなこと」をよく言えるなぁとは思いました。

それと「二度とあんな悲惨な体験をしたくない」というようなプリミティブな意見が、実は現実に近いんだよ、という思いもどこかにありました。この思いは、中学時代の「戦争、是か非か」のクラス討論から得たものかも知れません。この時私は「お父さんがいなくなるから、戦争は反対です」と言って、クラス中から笑われたのです。恥ずかしいとは思いませんでしたが、何で笑うかなぁと思いました。ところが授業時間が終わってすぐ、丁度神戸大学から来ていた教育実習生に声をかけられました。「戦死者の子どもがいて、あぁいう発言があるから、地に足のついた議論ができるんだよ」と。実は、この類いの議論は今に始まったことではないのです。遺族文集第二集『石は叫ぶ』（一九七五年刊）にある、小川武満「神にある自由と慰め」を読んでください。

（3）研修会のテーマと進め方

研修会のテーマと進め方にも変化が見られます。日中戦争史を追う方向が打ち出され、これを会員（会友）特に実行委員メンバーが分担・発表することになっています。

①まず、二・二六事件については、一九九四年「十五年戦争と二・二六事件——陸軍大臣告示の意味するもの」（西川重則）、一九九五年「二・二六事件に学ぶ」（内藤洋子、中川昌輝）、一九九六年「二・二六事件と天皇の軍隊」（増沢喜千郎、津崎公子）、一九九七年「日本の軍隊と自衛隊を考える」（小池創造、井上健）、一九九

八年「昭和期日本の構造――二・二六事件とその時代を読む」（北川裕明）、一九九九年「いま、二・二六事件を考える」（岡本不二夫）

②次に九・一八事件（満州事変、柳条湖事件）について。一九九三年「吉田裕『昭和天皇の終戦史』を読む。担当――北川、木邨、湯川、水谷、中川正子、井上、まとめ西川。一九九四年「半藤一利『朝日新聞と満州事変』（『諸君』一九八五・一二）を読んで」（西川重則）、一九九五年「国際関係からみた九・一八事変――昭和天皇の戦争責任を問う」（小川正明、松川七生子）、一九九六年「いま一九三一・九・一八は何か」（北川裕明、小林晃）、一九九七年「石橋湛山の思想に学ぶ」（坂内宗男）、一九九八年「日中侵略戦争と九・一八――侵略思想は今なお」（中山弘正）

③一九九五年二月　東京探訪Ⅰ（ガイド＝西川重則）一九九五年、東京探訪Ⅱ、Ⅲ。一九九九年、昭和館見学、「昭和館を問う」。さらに、靖国神社や新遊就館への西川さんによるガイドツアーがおこなわれるようになりました。

④これ以外の研修会での報告としては、

一九九六年四月「平和を創り出すために」（森野善右衛門）、十一月（群馬平和遺族会と共催）「アジアから問われているもの――私たちはどうこたえなければならないか」（西川重則・関充明）。一九九七年春期修養会「憲法に生きる――制憲五〇年を迎えて」（溝口正）。秋期研修会（静岡西部地区平和遺族会共催）「新ガイドラインと私たちの課題」（西川重則）、「日米安保の中のＡＷＡＣＳ（空中警戒管制システム）」（小池善之）。一九九八年六月「合祀拒否（中谷自衛官合祀拒否）訴訟最高裁不当判決一〇周年抗議集会（山口）」に合流。一九九九

平和遺族会全国連絡会デモ出発（1999年8月15日）

年六月三〇周年記念講演会（石崎キク、松浦基之、内海愛子）（『石は叫ぶ——三〇周年記念』所収）。

西川委員長自身「キリスト者遺族の会三〇年の歩み」において、九〇年代を「新天皇の時代であり、国粋化の時代である」と述べたが、もう一つ、注目したのが一九九九年五月の「ガイドライン関連法」の成立でした。特にその「周辺事態法」では、自衛隊が日本の領土外のアジア太平洋地域での武力紛争に、米軍の後方支援をおこなうことができるとされた。つまり、日本は「武力による普通の国」へ転換したと西川さんはいいます。戦前回帰を思わされる時代にあって、「正義と平和の主イエス・キリストに従うものとして」、私たちキリスト者遺族の会は重大な責任を負って歩まねばならないと、会員へも訴えました。

このように「戦没者遺族」の責任がますます大きくなるにもかかわらず、私たち遺族の会の運営は難関続きでした。二〇〇三年に小川武満前委員長が召天されたのを初め、戦死者と同世代の人たちが次々に天に召され、遺児の世代は仕事が多忙で時間が割けない。結局井上健さん一人に過分な負担がかかり、このままでは会が回らないと、二〇〇九年に会の運営について話合いをしました。会友の坂内宗男さんが会計担当を引き受けてくださり、大学を定年退職する吉馴が実行委員に復帰して機関紙の取りまとめの補佐に入ることになりました。

この話合いを踏まえて、二〇一〇年度からは、年間行事を総会・講演会、二・二六集会、九・一八集会に絞ることにしました。また、会の基本的姿勢について、発会当時のヤスクニ反対・「信教の自由」中心から、「平和」運動へ重点が移って来ていることについても、確認しました。

この時期以後の研修会で、西川委員長は御自身の著書『天皇の神社「靖国」・増補版』『主の「正義」と今日の日本』『平和を創り出すために』をテキストに勉強会をしたいと提案されました。（研修会は会員の学びあいの場で、それをリードするのが委員長の務めであるというのが西川委員長の基本姿勢だったと、実は後になって分かったのですが）でも、それでは「教科書の勉強会」のようになってしまうのではと、何度か会員以外の日中韓の研究に携わっている方々にも講演をお願いしました。そうすることで、西川さんが扱っている課題や時代の問題についての理解をむしろ深めることができたと思っています。

西川さんによる発題講演は、ほぼ年一回で「天皇の国事行為」、「昭和の日」、「憲法審査会」、「二・二六事件と政党の崩壊」でした。

それ以外では、吉馴（塩田）明子「植民地政策の中の靖国神社」、渡辺祐子「日本人による満州伝道とは」、聶莉莉「常徳における日本軍による細菌戦」。「ヤスクニ」反対関連で、篠ヶ瀬祐治「なぜ安倍氏は靖国に参拝するのか」などの講演をききました。加山真路牧師「平和の道具として——六角橋教会の歩みから」を聞いて石崎キクさんを偲び、教会での「ヤスクニ」反対の有り方について懇談する会も持ちました。

二〇一五年総会で、二〇一五年度末を以て正式なキリスト者遺族の会を終える（したがって、会費の徴収も終了）ことを決め、発会時を省みて吉馴明子が「靖国神社問題と私——信教の自由とは」を、西川さんが今後の課題を見据えて「キリスト者遺族の会が目指したもの」を話しました。

Ｖ　機関紙「キリスト者遺族の会」と文集

これまでに述べたような反対声明の発表や研修会の開催の他に、機関紙の発行が大切な仕事でした。手元に残っている、1、2号（一九六九・五・一六、六・三〇）は、鉄筆で原紙を切って書く謄写版印刷のものです。吉馴がガリ切り、印刷は東京告白教会の手刷りの謄写版で教会の友人たちの助けによりました。一九七六年末の26号から二〇一六年三月の最終号を出すまで、年に四〜五回発行の編集責任者は井上健さんでした。和文タイプの謄写版印刷です。二〇一七年一月召天まで、機関紙編集に四〇年関わったことになります（一九八一年中川正子さんが実行委員になられてからは、井上さんと二人で機関紙の企画をしていたと聞いています）。今読み返してみると、色々な考え方と経験とを持った方々から原稿をいただいていて、論文調でない、心へ訴える普通の文章が多いように思います。書いた人も、読む人も一人一人の生命に関わり、生き方に関わる問いに真正面から向き合っていたからではないでしょうか。その意味でおかれた場からの証言が聞こえてくるように思いますが、どうでしょうか。

遺族文集『石は叫ぶ』

①『遺族文集』――私たちの愛する者は英霊ではない（一九七一・三）に次いで、②『石は叫ぶ』（一九七五・五）。③『続「石は叫ぶ」』（一九七九・一一）。④『「石は叫ぶ」第四集』（一九八九・一二）。⑤『石は叫ぶ――三〇周年記念』（一九九九・一二）を発行。

毎回募集する会員の思いと訴えを綴った文章、小論文、講演要旨、機関紙よりの転載記事。それに声明文や宣言などの資料、年表からなります。④『「石は叫ぶ」第四集』には、アンケート「戦没者が、1いつ、どこで、2どのようにして、3戦死、戦病死の公報はいつ来たか。靖国神社からの合祀通知は？」⑤『石は叫ぶ――三〇周年記念』には、「戦争・憲法・天皇」「天皇葬儀の日に」「九九年八月におもう」のアンケートが収められています。

③集～⑤集は西川さんが（編集長で）「発刊のことば」を書いていますが、実務委員はずいぶん変わりました。吉馴ひろ、吉馴（塩田）明子、三浦永光、南部正人、井上健、水谷信栄、湯川貞子、中川正子、それに渡辺信夫先生などです。最初の文集①はA４判で学級文集のような体裁で刷り上がってきました。表題は『遺族文集』。何の遺族なの？　というので、「私たちの愛する者は、英霊ではない」という副題を、告白教会の手刷りの謄写版で印刷しました。発会当時の事務をどれほど告白教会にオンブしていたかを思い出す出来事です。②第2集は、吉馴ひろが編集に関わり、その縁で行動美術協会同人西愛子さんに表紙デザインとカットをお願いしました。角田三郎牧師の原稿が遅れ「三拝九拝（怒られるかな）お詫びします」などと言

ってこられたこともありました。⑤「三〇周年記念」の編集後記には、井上さんが、③の一〇周年から関わったとあり、会員のミニ文集となった機関紙186号（最終号）には、⑤集の三〇周年記念号について、西川・中川・北川・井上ら四人が編集委員となり、井上さんが「機関紙総目次」を作り上げた事が書かれています。資料や講演の再録もあり、今回歴史を書くのに、どれほど助かったかしれません。また機関紙復刻を願った（これは現在も懸案事項！）のですが、その当時も欠号が二つあり、費用の点で断念したともあります。なお不自由な体（ポストポリオ症候群）で、信仰に支えられ終生事務局を担った井上健さんは二〇一七年一月末召天されました。

二〇一六年三月二十八日機関紙「キリスト者遺族の会」186号を最終号として発行しました。この機関紙最終号は、「戦後七〇年、今、是非言っておきたい事、伝えたい事」で、会員会友の思いの詰まった文集となりました。

Ⅵ　戦争体験を継承し「非戦」を望む

二〇一六年度以後は、実行委員会を世話人会として残し、日本キリスト教婦人矯風会と共催（二〇一三年から）で二・二六集会と九・一八集会の年二回の集会を継続することにしました。共催の労を執ったのは、遺族の会の側では坂内宗男さんでした。坂内さんは、二〇〇八年以来会計担当ですが、これらの集会に当たっては、準備から後始末まで目配りし、手はずを整えて実行に移される。キリスト者遺族が戦わねばならない課題を過つことなく確認、実行委員の間で共有するように、私たちを支え、リードされました。

二〇一八年、「九・一八」集会――「遺族たちの悲憤」、発題者は熊田郁子さんと西川重則さん。お二人の話の内容は左の通りです。
・熊田さん―父親は戦争には批判的で、子どもが学校で「戦争教育」を受けてくると怒鳴りつけたものだった。他方、軍御用達の食料品などの商売をしていた。一九四四年四十三歳で徴用され、沖縄へ移送中敵の魚雷で船没死した。
熊田さんの反戦・反天皇は、戦争真っただ中の子どもの頃に身につけたもので、そういう人がこの時代にいたのは驚きでした。
・西川さん―大東亜共栄圏を信じる軍国少年であり、志願して予科練に入ったが、敗戦で驚天動地の歴史的変化にあい、自分の過去の誤りに気付き、上京してキリスト教会に出席即受洗。
西川さんの「教会第一」の原点はここですね。それだけではなく、「私たちはアジアの人たちに対して加害者なんですよ」と、強く執拗に主張され続けたのは、かつて「大東亜共栄圏」を夢見、「アジアの解放者日本」を信じて、予科練にも入った軍国少年の深い悔悟によるのだと、納得したものです。

二〇二一年九月六日に、最後の講演会を開く予定でしたが、コロナのため延期となり、十二月六日の矯風会一三五周年記念講演会で、私〈吉馴〈塩田〉明子〉に「戦争体験を継承し、非戦を望む」の講演の機会を与えられました。考えてみると、発会してからの五〇年です。靖国神社法案の上程に「私の父を英霊にして祀るな」と活動を始めた頃と、アジアだけでなく、中東へも自衛隊が出ていく「現在」、さらにこの五〇年の歴史の流れがどこへ向かっているか、遺族に限らず、より多くの人々に考えて欲しい、いや一緒に考えたいと思いました。

この時の講演原稿を整理補筆した、特に会員の方々に五〇年の歩みを思い起こしていただけるようにと、できるだけ丁寧に書いてみたのがこの文章です。この五〇年をふり返ることで、私なりに「戦争責任」について、そして「非戦」について考えることができました。それを最後の結びとします。

Ⅶ　結びにかえて――戦争責任を負うとは？

まず、辻子実、金丞垠編『図版で見る侵略神社・靖国』（二〇〇八年）から受けた強烈な印象に基づいて、神社（国家神道、天皇制）による日本の植民地朝鮮支配の実態を紹介しておきたいと思います。特に、朝鮮神宮について「植民地朝鮮を抑圧した侵略神社」の一章があります。

・長い石段を上り詰めた南山上に、京城（ソウル）の町を睥睨するように建つ朝鮮神宮。祭神は天照大神と明治天皇。

・天皇に対する忠誠を教える「修身」教科書は、朝鮮神宮で授与され、児童はその返礼に担任教員の引率で朝鮮神社を集団参拝させられた。

・神社の裾にある皇国臣民誓詞塔の前で、京城（ソウル）に住む朝鮮人と学生は、皇国誓詞を斉唱し朝鮮神社に参拝させられた。

・村ごとに神社が建てられ宮城遙拝も行われた。特に一九三八年以後、警察力を動員して神社参拝を強要、拒否した牧師たちに拷問を加え殉教死させた。富田満日本基督教団統理が渡韓し、「ただの祭儀だから」信仰の強要ではないと、神社参拝を奨めたのは有名な話です。

このように朝鮮神宮は、「八紘一宇」を目指す日本の重要な装置だったことが分かります。また朝鮮の各地に立てられた神社をピラミッド式に序列化し、中日戦争勃発後は「内鮮一体」を掲げて、朝鮮の人たちに対し天皇に忠誠を尽くす「皇国臣民」になるように強要しました。日本国内の神社問題のように「偶像崇拝拒否」だけではすまなかったわけで、「不敬罪」「治安維持法違反」で検挙されると、政治権力・検察による拷問がおこなわれ、数十人の殉教者を出しました。それがアジアの近隣諸国における「天皇制国家」支配の実態だったといってよいでしょう。このような宗教的侵略の歴史を、わたしたち「キリスト者遺族」の戦争責任として心に銘記したいと思います。

＊　　＊

戦争責任を、少し「キリスト教」に狭めすぎたかもしれません。「靖国法案」反対デモの横断幕に書いたように「戦争は父を奪う」だったのです。何度もいうように、日本の軍隊はアジアの国々に攻め込んで、領土を荒らし、家を焼き、殺人を犯しました。私たち戦没者遺族もそのような行為に目を開き、日本人の加害責任・戦争責任を自覚し反省します。と同時に、私たちの父、兄弟、息子といった肉親をそのような加害者の先兵に仕立て上げ、戦わせた日本軍の天皇を含む指導者・命令権者たちに対して、戦場で死ななければならなかった者の遺族として、戦争行為全般についての責任、戦争責任を明らかに厳しく問わねばならないと思っています。

さらに、このような戦時体制をうち崩せず、結局それをサポートした人々にも相応の責任があると考えます。全ての日本人がそれぞれおかれていた立場で、一九三一年から四五年までの戦争の進行過程で、①どのような情報を得、どのような判断・行為をとったか。②それらの言動は戦争の進展にどんな影響を与えたか。③戦争を阻止するためにできることがあったか、なかったか。④「各人」が、誤謬・過失・錯誤の性質と程度をえり分けて行かねばならぬと、丸山眞男はいいます。私たち「キリスト者」「遺族」もこの問いの前で、自らの「責任」を明らかにしなければなりません。しかし、それは、「戦争責任」を「キリスト者遺族」という「集合体」にまとめてかぶせることではなく、一人一人が、歴史的な経緯のなかで、自らの責任を問うということです。

発会初期の根岸愛子さんの文章を引いてみます。

「敗戦を境として「靖国の母・妻」が一転して「国賊」と見られ、敗戦の責任を一身に負わされて肩身の狭い思いをし、経済的な援助もなく混乱の中に投げ出されながらも耐えて来た。ヤスクニの復権が戦死者の名誉回復のように思われ、ホッとする気持ちが分からないでもない」(11)。

遺族の置かれた立場は、このようなものだったのです。これに対し、ヴァイツゼッカーのあの有名な演説を、私は思い起こします。

「彼女たちは不安に脅えながら働き、人間の生命を支え護ってきました。戦場で斃れた父や息子、夫、兄弟、友人たちを悼んできました。この上なく暗い日々にあって、人間性の光が消えないよう守りつづけたのは彼女たちでした」。

ヴァイツゼッカーは、このように戦時下と戦後の「女性」をねぎらいます。

私たち遺児も、おなじような感謝の思いを母たちに抱くと共に、当時の窮状を思い出します。「遺族という被害者意識に甘えてないで」と小川先生は言われたことがありますが、私は「被害者は、被害者」だと思います。私たちに被害を与えた責任者を見つけ、戦争遂行過程、周囲の状況などを明らかにして、具体的に「戦争責任」を明らかにしなければならないと思います。もちろん「被害者」は、中国、韓国、フィリピンを含めて東南アジアの国々にたくさんおられます。そこで戦った日本人兵士は「加害者」です。ただこの加害は重層的に組織された軍隊という組織によっておこなわれ、それを支えたのは国家という権力機構でした。ただし、私たち遺族もこの「国家」の構成員に他ならない、という一筋縄では解けない面倒な問題があります。この面倒な問題に真正面から対峙し、構成員である私たちの「加害」責任に取りくまねばなりません。

再び根岸さんの言葉を引きます。やはり「私自身の中に戦争を受入れる原罪のようなものがあることを認め……神に出会う」。そこで「自分も加害者」であると自覚してヤスクニ反対運動に連なるのだと、言われます。キリスト者遺族の活動が始まったのには、「ヤスクニ」を手がかりに、「被害」と「加害」とを知る地点が与えられたからとも、言われます。

それは、人の「原罪」とも呼ぶべきものの問題かもしれないと、私は考えます。自分の力で除くことできない「罪」の力が私たちを動かしている面があると思うのです。それでも、自分の行動については、きちんと見つめ、検証しなければなりません。それを歴史状況の中で考えていくと、私たちの行為に、自分の「過ち」が見え、自覚して負わねばならぬ「罪責」が見えるのではないか。しかも結果的に明らかになる過ちについても、知らなかったでは済ませられません。

では、人はそれらの「罪」「過ち」「犯罪」に対して責任を負うことが出来るだろうか。「犯罪」は法のレベルの問題なので、社会の慣行と法律とにしたがって、裁かれ、罪を償います。しかし、個々人の心の動きに関わる「過ち」や「罪」については、完全に償ったり、責任を負ったりすることは不可能ではないかと思います。それなら「戦争」という犯罪はどうなのでしょうか。「戦争」が自然災害でない以上、戦争を始め、統括し、リードした人に、責任はあると思います。いいかえれば、父母たちの時代の人々は、戦死した父も、一人残った母も、何らかの戦争責任を免れることが出来ないということです。逆に「戦死者たちが平和の礎となった」とは、気休めか、詭弁以外の何ものでもない。こう考えると、国家による追悼はもとより、敗戦の時を思い起こしておこなう私たち国民の手による追悼でさえ、どこか表面を取り繕って安らかさを得ようとする危うさが伴うように思われます。

もっとも、そのような重荷に堪えられず、何とかその時をやり過ごして生きようとしたその時代の人々がみな、非戦の手立ても講じず、将来への見通しも立てず、ただただ受け身の被害者として生きていたなどと、偉そうな批判をするつもりはありません。再びヴァイツゼッカーを引用します。

「民族全体に罪がある、もしくは無実である、というようなことはありません。罪といい無実といい、集団的なものではなく個人的なものであります。……一人ひとり自分がどう関わり合っていたかを静かに自問していただきたい」

「今日の人口の大部分はあの当時子供だったか、まだ生まれてもいませんでした。この人たちは自分が手を下してはいない行為に対して自らの罪を告白することはできません……。

罪の有無、老若いずれを問わず、我々全員が過去を引き受けねばなりません……全員が過去に対する責任を負わされているのであります。……心に刻み続けることが……重要であるかを理解するため、老幼互いに助け合わねばなりません……問題は過去を克服することではありません。さようなことができるわけはありません……過去を変えたり、起こらなかったことにするわけにはまいりません。しかし過去に目を閉ざす者は結局のところ、現在にも盲目となります。」

歴史から、「人間はなにをしかねないのか？」を学び、何とか「たがいに敵視するのではなく、たがいに手を取り合って生きていってほしい」と、ヴァイツゼッカーは結びます。

一九六九年に発会してから五〇年、私たちのキリスト者遺族の会は、機関紙を186号まで出し、この186号『今、是非言っておきたい事、伝えたい事』も含めて六冊の文集をだし、研修会や小さい講演会を開き、戦争に駆り出された肉親のこと、戦時中に考えた事、そして今の日本社会とキリスト教のあり方について、私たちなりに考え、語り合い発信してきました。残念な事に、日本のキリスト教会はある時期から、まず神への忠誠を、そこから自分の生き方、社会人としてのあり方、国民のあり方を考えるという順序を立てなくなってしまった気がします。しかもこの傾向は個人が社会に埋没する「大衆化社会」の現代を覆っているようにも見えます。

それは「いつ頃から」と問うと、植民地伝道のころまで遡らなくてはならないかもしれません。そうやって先の『図版』に見るようにアジア全域に神社支配が広げられたのです。富田統理はその仕上げをしただけかもしれません。統理一人でなく全キリスト教会の責任が問われています。「戦争体験」者が少なくなって、敗戦当時二歳だった遺児と呼ばれる私には「戦争」の記憶も、父の記憶もありません。それでも歴史をひもとき、その中で生きた人たちに共感する心を養うことはできます。

最近私は、半藤一利、加藤陽子、保阪正康編著の『太平洋戦争への道』というＮＨＫ新書（二〇二一年七月）を手に入れました。一九六〇年生まれの加藤陽子さんを案内役に、一九三〇年代生まれで、数々の戦争論や昭和史を書いておられる半藤、保阪両氏が答えるようなディスカッションの形で、満州事変から太平洋戦争へいたる日本の軌跡をたどっています。加藤陽子さんは、『それでも、日本人は「戦争」を選んだ』（朝日出版社　二〇〇九年）の著者として有名です。戦争体験がないからこそ、「なぜ、あの戦争に突き進んだのか」という問いを出し、膨大な史料の中からその答えを見つけようとされただけでなく、この答えがもっと若い高校生に納得してもらえるか、授業で質疑応答を重ねながら「答え・説明」を磨いていかれたと思います。このようにして磨き上げた「十五年戦争」についての理解を以て、戦争体験者でもある半藤、保阪両氏に問いを投げかけ、加藤さん自身の理解をお二人のそれと合わせながら、「太平洋戦争への道」をよりくっきりと描き出そうと試みています。この本はきっと、歴史に不案内な若い初心者にも、親たちはどこで過ち、何をしでかしたのかとモヤモヤと考え続けてきた高齢者にも、十五年戦争についてもう一度考える手助けになると思います。

靖国神社法案が提出され、「戦前回帰」が憂慮され始めた一九六九年に発会し、戦争法案と呼ばれる国際平和支援法と平和安全法制整備法が成立した二〇一五年を経て、二〇二一年十二月私たちのキリスト者遺族の会は活動の幕を閉じることになりました。「戦争・歴史・個人・国家」という大きな課題に、放り出すことなく冷静に向き合い、今の時代と自分たちの生き方を考え、アジアに平和が実るよう、一歩一歩共に歩み続けたいと願います。

［注］

（1）当時のルソンの状況については、阿利莫二『ルソン戦―死の谷』（岩波新書　一九八七年）を参照されたい。

（2）文部省教育課程審議会が「道徳の時間」の特設を提言したのは、一九五八年（私が神戸大学教育学部付属中学三年の時）で、予備的な「生活」が設けられた。「教育学部付属」はカリュキュラム展開の実験場でもあったからときました。

（3）吉馴明子「自由国家と自由教会―田中剛二をめぐって」『改革派神学』第二十五号（一九九七年、神戸改革派神学校。後に『現人神から大衆天皇制へ』〈刀水書房　二〇一七年〉に転載）を参照されたい。

（4）それは遺族年金支給原簿にもなるので市役所にあります。

（5）宮田光雄『現代日本の民主主義』（岩波新書　一九六九年）一〇八頁。

（6）他に、島崎貞さん（息子）、白銀侑子さん（父）。この三人は、戦死者当人とその遺族がともに、キリスト者であった。一九七三年に、戦死者を非キリスト者に範囲を拡げて二回目の霊璽簿記名抹消要求。

（7）角田三郎『かみ・ほとけ・ひと』（オリジン出版センター　一九八三年）参照。

(8)「それから五年目の七四年」が二回目の沖縄訪問とある（『地鳴り』キリスト新聞社　一九九五年、二三四頁）。一度目は、一九六九年十月第十九回大会における「沖縄開拓伝道推進に関する建議案」審議の時である。小川武満はこの建議案賛成者（『日本キリスト教会50年史』Ⅲ、4、(3)開拓伝道、特に沖縄伝道、三四七〜三五六頁を参照のこと）。

(9)『地鳴り』二三四頁。

(10)なお、平和遺族会全国連絡会はアジアの遺族との連帯を願い、一九九一年八月十五日に韓国太平洋戦争犠牲者遺族会との「連帯のメッセージ」を交換し、一九九三年八月十五日『戦争を語りつたえるために』（梨の木舎）を出版した。

(11)『石は叫ぶ――キリスト者遺族は訴える』（一九七五年）一〇三頁。
なお、根岸愛子『およそ真《まこと》なること――平和への祈り』（キリスト新聞社　二〇〇八年）に、「靖国神社問題」「沖縄で平和を想う」の節がある。

［講演Ⅱ］

追悼 キリスト者遺族の会とともに五〇年 西川重則氏（二代目実行委員長）の歩み

二〇二一年三月四日 講師
木村 庸五（会友、弁護士）

はじめに

故西川重則氏（二〇二〇年七月二十三日召天）と私とは、新宿区四谷坂町にある日本キリスト改革派の東京教会において一九八二年までの二〇年間ほど同じ教会の会員として共に過ごしました。西川氏は、私より一世代上（十六歳上）の先輩でありながら、同僚教会員として友人のように交流してくださり、また教会の指導者たる長老として親しく指導してくださり多くのことを教えられてきました。

一九七〇年代から、靖国法案反対運動や津地鎮祭違憲訴訟、中谷康子さんの自衛官護国神社合祀拒否訴訟、安倍首相靖国神社参拝違憲訴訟などの政教分離の裁判の支援会などを通じて教会以外でも多くの接点がありました。私は、一九八二年に東京教会から転出し西川氏とは別の教会に移りましたが、プロテスタントの同じ教派に所属しており、教会会議やさまざまな集会でお会いする機会が多くありました。

西川氏の活動はご存知のとおり多岐にわたっており、従って、我々が「西川重則氏から受け継いだこと」を、ここでみなさんと共に確認し、我々が西川氏の遺業をもれなく受け継ぎ、これを発展させていく姿勢と戦略を共有する機会としたいと思います。

戦　線

西川氏が闘っていた闘いの戦線は、下記のとおり非常に広く多岐にわたります。

①信教の自由・思想良心の自由の確保、政教分離原則違反の監視・是正（憲法二〇条、八九条）　靖国神社問題、国による慰霊行為の違憲性を指摘した。

②平和主義の堅持（憲法九条）の闘い。有事法制、新安保法制批判の闘い。戦争と平和の問題とヤスクニ問題の緊密な関係を暴露する。一九九七年九月に発足した「日米新安保ガイドラインと有事立法に反対する百万人署名運動」の呼びかけ人として参加され、また一九九九年九月に「とめよう戦争への道！百万人署名運動」でも運動の先頭に立った。

③そのほか憲法に反するさまざまな法律の精査と批判（秘密保護法、共謀罪法、通信傍受法など）を国会の動きを注視しながら行った。

④アジア太平洋戦争における海外での被害の実態を調査・学習・把握し、戦争による侵害・加害について詳しく学び、事実に基づく歴史認識と謝罪とが一体となる形で、被害者の心とつながる努力をした。

⑤戦争の歴史を正確に知り、戦争責任を明確化する。特に昭和天皇の戦争責任の明確化と天皇制についての批判的検討をした。

⑥憲法違反の是正と改憲の動きに対する全国的反対運動を展開した。
⑦著作出版活動等を通じて、上記の記録を残し、運動を横に拡げ、しっかりと後に（縦に）受け継いでいくため備えた。
⑧皇居周辺ツアーや靖国神社見学、遊就館見学の会をたびたび催し、天皇制や靖国神社の問題点を厳しく突いて、遺族としての思いを熱く語った。

このように問題が多方面、多岐にわたるように見えますが、西川氏にとっては、これらすべての問題が相互に関連しており、活動する中で必然的にその活動が次第に拡がってきたものです。

生い立ち・受洗・兄のこと

西川氏は香川県に生まれ旧制県立丸亀中学校三年（十四歳）で予科練に入隊し戦争に動員され十八歳で終戦を迎えました。戦争中は日本の戦争が自衛戦争であると刷りこまれ信じさせられていました。戦後まもなくキリスト教書籍を通じてキリスト教に接し、その後上京して、東京で初めて教会に行きキリスト教について学び、一九四七年十一月九日、日本キリスト改革派東京恩寵教会で二十歳《はたち》の時に受洗しました。西川氏の六歳上の兄は、一九四一年に二十歳で出征していましたが、一九四五年九月に二十四歳でビルマにて戦病死したことを、その後国からの通知で知らされました。戦争が終わり、兄が帰国すると思って楽しみに待っていた矢先の悲報でした。

戦争を問う

その後、西川氏は、聖書に接するうちに歴史の真実を見る目が徐々に開かれ、「兄を奪った戦争とは何だったのか」「自衛戦争の美名に踊らされ、正しいことと信じて出征し死んでいった兄の死は何だったのか」を問い続けるようになりました。そして、後には、中国や韓国など海外の戦争被害者との交流を通じて、戦没者遺族として戦争とヤスクニを問うだけでなく、戦争加害国日本の国民としての立場でアジアの視点から歴史を見直し、戦争を問い直すようになりました。こうして侵略戦争の実態を学び学ばされる中で、驚きと衝撃を受け続けていくようになっていきました。軍国少年であった西川氏がどのような過程を経て回心させられたのかについての告白を聴くことが無かったのは大変残念に思うところです。

敗戦直後に日本基督教団から脱退して始められた日本キリスト改革派教会においては、戦争の過ちを直視し、悔い改め、どのようにキリスト者として生きるべきかを教会全体で問い続けていたので、西川氏も目を開かれ、日本の戦争は「自衛戦争」だというそれまで叩き込まれていた嘘に気づいたとのことでした。

キング牧師の影響

西川氏に影響を与えた重要な要素をここで指摘しておきたいと思います。西川氏は、一九五五年からキリスト教プロテスタント系の出版社である新教出版社に勤務し、編集部でのお仕事が長かったのですが、その間、マルティン・ルーサー・キング牧師の紹介を担当されるようになりました。仕事を通して、キング牧師の信仰と思想と行動に深く触れ、その信仰と非暴力直接行動の運動理念に大きな影響を受けました。キング牧師が一九六八年四月四日、アメリカのメンフィスで銃弾によって暗殺されたとき、同社の『福音と世界』一九六八年五月号には西川氏による追悼文が掲載されました。その最後には次のようにかかれていました。「彼に続く者の責任と使命の重大さを確認しつつ、非暴力抵抗運動の戦士を悼む」「彼の「非暴力直接行動」

と呼ばれる抵抗運動は、非暴力の創造的（creative）な抵抗運動であり、全精神を傾注しての抵抗の精神であり、キリスト者としての愛の表現だった」。彼の直接行動の目的は、「問題に直面しなければならなくなるような、危機感と創造的緊張を作り出す」ことにありました。「力と謙遜のうちに、愛をもって、憎しみに立ち向かわねばならない」というのがキング牧師の信念だったと指摘しています。キング牧師には『汝の敵を愛せよ』という主著（日本語訳、新教出版社刊）があります。西川氏が心の糧とし、運動の指針としている聖書の言葉の一つは、キング牧師が指針とした、アモス書第5章第24節の「正義を洪水のように、恵みの業を大河のように」という言葉でした。旧約聖書アモス書の示す「正義」を心に刻んで、「主にあって、歴史に学び、今を生きる」というのが西川氏のモットーであり決意表明でした。

靖国問題

さて、靖国神社法案が浮上してきた一九六〇年代半ばころから、当時新教出版社編集部におられた西川氏は、先ず会社の仕事として靖国問題に取り組み始めました。彼の言葉を借りれば、「当初、靖国神社法案そのものについて逐条的に学ぶ機会があり、それがきっかけとなりました。「眠っていた私の心を呼び起こされ理不尽な法案を黙視できなくなった」と述べています。研究するうちにその法案の問題性を明確に意識するようになったのです。危機感を強め、以後、終生一貫して精力的にこの問題の本質、根深さと広がりを明らかにし、問題点を深く指摘し続けることになりました。氏にとっては、これは「遅すぎるスタート。その遅れ「の原因」は、日本人が生まれながらに身につけている日本人中心の発想であり、構造である」と、問題に気づくのが遅かったことを反省していました。

戦争原因追及と靖国問題

尊敬して大好きだった六歳年上の兄をビルマにおいて戦病死で亡くした遺族としての悲しみ・苦しみを抱きながら、それをもたらした原因の追究が西川さんの人生の重要課題となっていました。国家による不正義に対する憤り、国家が死の意味付けまでして個人の内心に介入する靖国神社問題、そして未だにあいまいなまま放置されている戦争責任の追及などの問題が、自らの聖書信仰と深くかかわる問題であることに気づき、それらの思いが、自らの信仰の深みの探求と相共鳴しました。靖国神社は戦没者の慰霊と顕彰を行う神社です。天皇制国家のアジア諸国への侵略戦争に駆り出され、非業な死を遂げた戦没者の「霊」を慰め、その侵略戦争における行為を顕彰して、偉業として褒めたたえ、「英霊」として祀りあげることを国が行おうというのが同法案です。アジア諸国への侵略戦争の担い手を祀りあげるということはこの戦争を肯定するものです。これはこの戦争の犠牲者を多く出したアジアの国々の人々にとっては到底受け入れることができないものです。国家が死の意味付けをし、国が国民の内心の問題にまで介入してくるのはまさに全体主義国家のやり方です。

必然的に西川氏の思いと問題意識は拡がっていき、広い視野での運動の原動力となっていきました。教会の礼拝や祈禱会、神との霊的交わり、教会あるいは教会員との霊的交わりこそが活力の源泉であると、氏は一貫して言われ、いかに忙しくても礼拝、祈禱会への出席を守るように努力しておられました。

一九六九年六月からキリスト者遺族の会、一九七四年五月から政教分離の侵害を監視する全国会議、一九八六年七月から平和遺族会全国連絡会などの活動をされ、また、福音主義キリスト者の集いでも中心的役割を果たされました。その間、津地鎮祭違憲訴訟、中谷康子さんの自衛官合祀拒否訴訟、岩手靖国訴訟、愛媛玉串料違憲訴訟などの政教分離裁判のフォローと支援も熱心にされました。

天皇問題、即位・大嘗祭

昭和天皇の大喪の礼、明仁天皇の即位の礼・大嘗祭にあたっては、国会に参考人として呼ばれました。当時、政府は、即位の礼・大嘗祭は「宗教上の儀式と見られる色彩がある」ことは認めながら、「伝統的な皇位継承儀式の一環として公的性格をもつ」という見解を発表していました。これに対し西川氏は、この見解を作成した経緯自体が拙速で民主主義の手続ルールが欠落していると指摘。天皇の公的行為に憲法的根拠がないことを鋭く指摘しました。さらに、一九四六年の憲法国会における皇室典範制定過程を踏まえて、以下の三点についても明らかにしています。①大嘗祭の宗教性がはっきり認められ、（皇室典範の）条項には入らなかったこと、②旧皇室典範や大嘗祭について規定していた登極令が、日本国憲法と相いれないということで憲法施行の前日限りで廃止されたこと、③新憲法下の皇室典範には、皇室祭祀や大嘗祭について一切規定されていないこと。

天皇制

また、氏は、この意見陳述に関して後に「私自身は（象徴天皇制であれ）天皇制はいらないという立場だ。国会に参考人として呼ばれたとき、周囲から「（天皇制）反対を主張したら、右翼に殺される」と言われたが、殺されてもかまわないと私は言った。天皇儀式と改憲国会は重なる。はっきりとした態度で闘っていくべき」と述べています。

昭和天皇の戦争責任

昭和天皇の戦争責任については、

「戦中における昭和天皇の勅語や言動について重い責任がある。一九三一年一月八日に出された満州事変についての関東軍への勅語では、満州事変の出兵を「自衛の必要上」の出兵であると認め、自衛の名のもとに、侵略を正当化した。また、ポツダム宣言受諾の判断の遅れにより、八月六日、広島に原爆投下、八月八日、ソ連の対日参戦、八月九日、長崎に原爆投下を招いた。天皇はもう一度巻き返してから終戦するとの意向を示し、それまでは戦争継続の意向を天皇がもっていたことを鈴木貫太郎首相は知っていたので、ポツダム宣言受諾は天皇の意思に反すると自ら考えて、一九四五年七月二六日公表のポツダム宣言を黙殺し、戦争邁進の談話を発表したと思われる。さらに戦線が厳しくなると、伊勢神宮・熱田神宮からの神器の移動ができなくなり国体護持ができなくなるということがポツダム宣言受諾に踏み切った動機だった」

と指摘し、昭和天皇の戦争責任がいかに重いかを指摘していました。

昭和天皇の戦争責任の問題は、きわめて重要な問題なので引用した西川氏の表現では書かれた記事の字数の制限もあって、舌足らずのところがあると思われます。以下の吉馴（塩田）明子さんの講演を合わせて読んでいただくと、分かりやすくなるのではないかと思います。昨年のＮＣＣ靖国実行委員会主催の二・一一東京集会で吉馴さんは、降伏が遅れたことについての昭和天皇の責任に関して、要約すると、以下のように話されました。

一九四三年九月、日本軍がニューギニア・スタンレー山脈の攻防に敗れると、天皇は既に勝利の見込みを失ったとされています。しかし、すぐに戦争を止めるとはいわず、一度手痛い攻撃を加えてから講和にもっていくべきとの考え「一撃（後）講和」に固執し、これを主張し続けました。一九四四年夏以後南太平洋諸島の日本軍の拠点は次々陥落します。レイテ戦についても、天皇は「一度「レイテ」で叩いておいて、アメリカがひるんだならば」和平に持ち込めると、「一撃（後）講和」論でレイテ決戦に向かうことに賛成しました（レイテでも負けた軍はルソンでの挽回を企てた）。一九四四年十月二十五日特攻隊の攻撃が始まり、翌月には早くも、東京はB29による空襲を受け始めました。

翌一九四五年二月、天皇は重臣たちを一人ずつ呼んで、戦争の見通しについて聞きました。その中で、終戦の提言を行ったのは近衛一人（実際は吉田茂の文章だったという）でしたが、天皇はあまりに悲観的と一蹴し取り上げませんでした。天皇が戦争の「早期終結」を指示したのは（五月二十六日天皇の住む明治宮殿が類焼で焼け、皇太后の住む赤坂の大宮御所が焼け落ちて、さらにほぼ一ヶ月も経った）六月二十日のこと、東郷外相に戦争の「早期終結」を指示しました。七月七日にはソ連へ「和平仲介」を依頼することにしました。

ところが、早期終結を指示し、かつ硫黄島や沖縄戦も惨憺たる結果に終わったにもかかわらず、「一撃（後）講和」を願ってか、戦争を止めようとしなかったのです。とうとう、一九四五年七月二十五日には内大臣木戸幸一が、陸軍のいう本土決戦論は信用が出来ない、万一「三種の神器」（皇居、伊勢神宮、熱田神宮に分けておかれていた）を失うようなことがあれば、「皇室も国体も護持し得ざることとなる」と苦言を呈しました。それでも七月二十六日に出されたポツダム宣言の受諾を渋り、七月二十七日やむなく首相がポツダム宣言を「黙殺」すると発言しました。七月三十日の段階においても、天皇は遠路はるばる宇佐（大分）・香椎神社（福岡）へ勅使を送り「敵国撃破」を祈願させています。……八月六日、九日に原爆が投下され、ソ連が参戦するまで、裕仁の「戦勝祈願」頼みは破られなかったというべきでしょう。十日になって、やっと御前会議で「国体護持」を条件に「ポツダム宣言受諾」を決定しました。

つまり、天皇は軍部指導者の方針を追認していたのではなく、「一撃」に固執し、戦争続行の旗を振り続けていたのです。「天照大御神」への「戦勝祈願」がこの頑迷さを支えていたというべきでしょう。裕仁天皇が、日本軍を〝幸《さきは》い給い〟、相手国には〝非を悟らせ給え〟と「戦勝祈願」を熱心に祈るようになったのは、盧溝橋事件勃発（一九三七年）の頃からといわれています。その背景には実母貞明皇太后の神がかり的な信心があったと、原武史や半藤一利は見ています。大正天皇の半生を描く劇「治天の君」に現れる貞明皇后は、「病弱」と疎んじられた大正天皇を、政治家たちに毅然と対処して支える、堂々たる「良妻」として描かれています。この劇を見ながら、子どもの裕仁からいえば「モンスター・マザー」だったのだろうなぁと、私は思いました。

以上が吉馴さんが講演で述べられたところです。

アジアの視点

さて、西川さんのことに戻ります。

戦没者を英霊としてたたえる靖国神社問題に取り組む中で、西川さんは戦争の被害を受けたアジアの視点から歴史を見直すようになり、中国や韓国の人々との交流を深めていくうちに、自分は加害国の国民として生涯をかけて謝罪していかなければならないと感じるようになっていきました。交戦相手国に対する残虐な侵略戦争の実態のみならず、自国の兵士や市民をも見捨てるような戦争の実態を詳しく知るようになりました。そして、戦争こそが最大の人権侵害であり、中でも天皇をいただく靖国思想に基づく戦争は、相手国に対する加害行為の残虐性に加え、自国民を、魂までをもひっくるめて丸ごと駆り立て暴走させる極めて危険なものであると確信するようになりました。

国会傍聴活動

西川氏は、一九五五年から三二年間新教出版社で勤務され、一九八七年退職後も六年近く嘱託社員として同社で勤務しました。国旗国歌法が審議された一九九九年の通常国会以降、二〇一九年までの二〇年間は欠かさず国会傍聴に出かけ、戦争関連法やその他の悪法の制定過程を監視する活動を継続し、詳細に分析しレポートを発信していました。国民を戦争に駆り立てる靖国思想と戦争政策との密接な関係を指摘し、政教分離問題と憲法九条違反の戦争政策の問題との密接な関係が見えてきて、「戦争は国会から始まる」との確信を持つに至り、「戦争は国会から始まる」との警告を発しながら、安全保障にかかわる周辺事態法等有事法制、テロ特措法、憲法違反の新安保法制の成立過程を注意深くフォローし見張ってきました。毎朝四時ころ起床し、聖書朗読と祈りを終えて弁当持参で国会に向かうという生活を二〇年続けられました。そのような中、西川氏が「戦後最低の悪法」と呼んだ「平和安全法制関連二法案」（新安保法制）の問題点を鋭く指摘していましたが、同法案は、二〇一五年九月十九日午前二時一八分に可決成立してしまいました。

西川氏の信念

西川氏が、さまざまな運動を続けながら最も大切にしていたことは、聖書の学びを通して聖書を体系的に理解し習熟すること、そして国家の基本である憲法について習熟することでした。これ以外に教会と国家にかかわる運動の基本はない。礼拝と説教こそが靖国法案反対運動に導いたといつも言っておられました。兄を戦争で奪われた戦没者遺族・被害者として、また、戦争加害国日本の国民として、憲法の理念を不断の努力で実現していく責務を与えられていると自覚しておられました。憲法連続講座を開き、二〇〇一年から二〇一九年までに五三回も講師を続けてこられました。

また、人間の罪と救いの喜びを知らされたキリスト者として、地の塩、世の光となるように派遣された者として、世に奉仕する使命を感じて行動されていました。氏は、聖書に忠実なキリスト教を追求しようと常に努力されていました。

キリスト教は、聖書が中心、その教えをまとめた信条などを頼りに学びつつ信仰の歩みを進めていく。聖書の言葉が説き明かされる日曜ごとの礼拝説教で福音の説き明かしを聞き、週の半ばの祈禱会で共に祈るとともに、聖書の学びと祈りを日々個人で、家庭で、継続することからすべてのエネルギーと指針を得られる、という考えでキリスト者としての生涯を一貫して歩まれました。

西川氏が自ら生き、また西川氏から私が教わったキリスト教信仰については、私は近くに居た者として、度々、耳にたこができるほど聞かされてきましたが、それを①から⑤までにまとめて記述しておきます。

①「神の前に」徹底して生きる信仰

生きる場面の全般にわたってあらゆる瞬間において、教会だけでなく、家庭でも職場においても、社会生活も政治も人生のあらゆる領域において、キリストを信じキリストと結びあわされて歩むことを強調していました。これは宗教改革の伝統に立った神中心に生きる信仰でした。

②思考や思いや感情や行いの全てにおいて神に依り頼む「祈りの姿勢」を保とうとされていました。祈りの姿勢こそ神の前に生きる姿勢。いつでも、どこでも、どんな場合でも、いかなる領域においても、祈りを中心に据える継続性と全体性が特徴でした。

③神の言葉である聖書を徹底的に重んじました。神の言葉である聖書によって絶えず変革され方向を示され続けていく生活を目指しました。

聖書との関係をあくまでも重視してそれ以外に頼らない姿勢を保ち、聖書のみ、そして旧約・新約の聖書全体から福音を理解するという姿勢、歴史に対する姿勢や、国家に対する預言者的姿勢はこの辺りから発するのでしょう。

④何を信じ、なぜ信じているか、信じていることの内容を明確に言葉にする。知ることと信じることは一つのこと。神を深く知り理解し（聖書に基づく神知識）、愛し、信じる。知ることは学ぶことと祈ることにより達成できる。西川氏の東京教会で毎年行われていた研究発表において、氏は、聖書の内容を体系的に把握するため歴史的信条についての研究結果の発表をたびたび行っています。何を信じているかを明確にして進む姿勢が表れています。神学的理解を常に深める努力をされていました。

⑤信仰の純真さ（幼子のような信仰）一人の信徒として神の御前に生きる素朴で真実な信仰を持っておられ

ました。

「私にとって、……原点は、主の日（日曜日）の朝・夕の礼拝であり、水曜日の祈禱会である。従って、原則どちらも休むことはない。……主の日の礼拝は、創立二十周年記念宣言……に記されているように、「教会の生命」である。そして「神は、礼拝における み言葉の朗読と説教およびそれへの聴従において、霊的にその民のうちに臨在したもう。」……最も重要な一つである地球大の視野に立った祈りの例……地上にあるキリスト者の全教会のために、為政者と教役者とのために、自分自身、兄弟、それだけでなく敵のためにも、また今生きている、または今後生まれてくるすべての種類の人々のために、わたしたちは祈らなければならない。……」（日本キリスト改革派東部中会機関誌『まじわり』二〇一〇年十一月一日号）

我々が学ぶべきもの

西川氏の信仰の姿勢は、私ごときは到底真似ることができない強固なものであり、教条主義的との批判を受けることもあったようです。

西川重則氏からその生涯の闘いの遺産を受け継ぐ私たちは、その内的な信念においては、西川氏と同じでない方も多くおられます。仏教の方、新宗教の方、宗教は信じていない方、キリスト教でも異なる信仰をお持ちの方などさまざまでしょう。しかし、私たちは、内的な動機はそれぞれ異なっていても、その目標において共通していると感じて共に闘ってきた仲間です。一九六〇年代・七〇年代のヤスクニ闘争では、「信じる者も、信じない者も」というスローガンを掲げてスクラムを組んで闘いました。津地鎮祭違憲訴訟の原告関口さんは無神論者でした。そして、ヤスクニ闘争は、無神論者も、仏教徒も、神道系の新宗教の方々も、キリスト教のプロテスタントもカトリックもみな共に協力し合って闘ってきたのでした。

西川氏の生涯から学ぶべきものは多くあります。

それぞれの内的信念は異なっていても私たちの共有できるものとして次のことを確認したいと思います。

（1）国のために死ぬことを美化する靖国神社問題の問題性を暴露し、信じる自由・信じない自由を阻害し、信教の自由、思想・良心の自由を侵す政教分離違反行為と戦う。

（2）天皇制が、差別構造の原点であるとの認識に立ち、昭和天皇の戦争責任、沖縄問題についての責任を明確にする。象徴天皇制の憲法逸脱現象に警鐘を鳴らす。天皇制およびヤスクニ神社問題が、社会通念として一般的に肯定され、定着化の方向に向かっているとも見えかねない情況を打開する。教育改革の一環として、さまざまな形で天皇制・靖国思想が浸透させられつつあると見られる状況を覆す。

（3）新安保法制を含む戦争法、戦争準備法に反対し、戦争に反対する。

（4）憲法とは、人びとの人権と平和をまもるために、政府・国家機関の言動を監視するための基本法であり、個の尊厳、思想・良心の自由、信教の自由、政教分離原則の回復、恒久平和主義、戦争放棄、非武装を定めた現行憲法からの逸脱行為（集団的自衛権、武力行使、政教分離原則違反、天皇の活動）を糾弾し続ける。憲法改悪の動きに反対し続ける。憲法を軽視する国民は、必ず手痛いしっぺ返しを受けるという歴史の教訓を大切にする。

（5）歴史の事実に学び、戦争の歴史を正確に知る。そしてアジアの視点に立って歴史認識を共有する。

我々の責任について学び考える。侵略・加害の実態を正確に学び、心からの謝罪の思いを持った日本人として、歴史の事実に基づく歴史の認識と心からの謝罪においてアジアとの一体関係を築き、被害者の心とつながる。国境を越えた平和をつくる国際連帯で前進する。

（6）特に重要な事は、批判する相手の主張を丁寧に聴き、学び、相手方の資料を大切に扱う。これは我々が見習うべき姿勢です。

おわりに

「戦争が始まって最初に犠牲になるのは〝真実〟である」という言葉や「不断の警告にこそ自由獲得の道がある」という西川氏が繰り返された言葉を心にきざみ、西川氏の歩みをここにおられる皆さんで手をたずさえて今後も継続し発展させていきましょう。

（二〇二一年三月四日「平和をつくり出す人々の集い」〈追悼集会〉での
「西川重則氏から受け継いだこと」講演録から所収）

第２部［資料編］

遺族の会50年の記録

Ⅰ　国営化してはいけない靖国神社

遺族だから反対する！靖国神社法案

戦争は偉業ではない！

皆さん！戦争で愛する者を失った遺族は、皆心から戦争を憎み、平和を求めます。遺族にとって戦争は、再び繰返してはならぬ悲業であって、断じて、偉業ではありません。しかるに法案第一条で、戦没者を英霊とし、戦争を偉業として、永遠に伝えることを目的としています。しかも第三条では誰を英霊とするかの決定権は内閣総理大臣にあります。原爆、大空襲等による戦争犠牲者と戦没者を区別し、戦争を美化するこの法案に、はげしい怒りをもつて、遺族は反対します。

慰霊は各自の信仰で！

遺族には、仏教、神道、キリスト教等の信仰あるものも、特定の信仰をもたないものもあります。信仰のあるものは、各自の信仰に従つて、愛する者を記念し、信仰のないものは特定の宗教儀式を強要されることを拒否します。この法案では、第五条で宗教性を除くことを明記しながら、靖国神社の伝統に従った慰霊儀式を国民に強要しています。国家は法律によって、国民の信仰の自由と良心を侵害してはなりません。遺族は、各自の信仰の良心を守るため、心から靖国法案に反対します。

キリスト者遺族の会

一九六九年三月国会記者クラブで配布（遺族文集② 一九七五）

キリスト者遺族の会の使命

小川　武満（会員、初代実行委員長、牧師・医師）

終戦後二四年も経過した今日、キリスト者遺族の会を結成しなければならない理由は何でしょうか？　直接の動機は靖国神社国家管理法案が今国会に上程されようとしたからです。即ち日本遺族会が千四百万人の署名を集めて、圧力団体として、この法案成立のために動いている時に遺族の中にも信仰の立場から靖国法案に反対であることを宣言する必要を痛感したからです。この様に、追いつめられた受身の立場で結成されたキリスト者遺族の会は、この会の出発に当って、歴史を支配し給う主の御前に、今日迄二四年間キリスト者遺族として、戦争責任を、自らの告白の課題として、積極的に取組まなかった怠慢の罪を深く悔改めねばなりません。

さてキリスト者遺族の会の果すべき使命は何でしょうか？　私共は、その呼びかけの言葉のうちに「日本の国の政治の誤りをただし、キリストの教会につかえる」ことを明記しました。靖国法案反対のためには、この法案提出の背後にある政治の誤りをただす必要があります。広く深く政治的闘いを続けて行かねばなりません。靖国法案では、戦死者を英霊として尊崇し、その遺徳をたたえ、その偉業を永久に伝えるとして、戦死者を偶像化し、戦争を偉業として美化しています。私は二人の弟を戦争で失い、私自身も戦死を覚悟して遺書を書きました。又軍医として戦争栄養失調症でミイラの様になって死んで行く人々を見守り、敵前逃亡兵の銃殺を見、戦場を逃避するための戦争ヒステリー患者や、自殺者や、発狂者を見て、戦争の現実がどんなに悲惨な非人間的なものであるかを実感しております。それ故に「再び英霊を出すな！」「再び戦争の悲惨をくりかえすな！」と叫ばざるを得ません。

日本の政治は、明治以来「富国強兵」の政策によって、天皇を中心とする国家権力の強化を進めてまいりました。戦争を国威宣揚の手段として美化し、「お国のため」「天皇のため」死ぬことを名誉としました。靖国神社も初めは東京招魂社として、官軍の戦死者たちを従軍神主がカミとしてまつる場所として設立されたのです。終戦によっても国家主権の中心にあった天皇制は温存され、かつて戦争に協力した政治家たちが、今靖国神社国家管理法案を提出しようとしているのです。それによって、天皇制と切り離せない国家神道の復活をはかり、神社は宗教でないとの戦時中の主張のもとに、信教の自由を事実上侵害しようとしています。キリスト者遺族は、自分たちの愛する者が英霊としてまつられることを拒否することによって、この様な国家権力の侵害に抵抗するものです。

キリスト者遺族の会の国家権力に対する政治的な闘いは、同時に「キリストの教会につかえる」ことであります。何故なら、キリストの主権に仕える者のみが真にこの世の権威と闘う勇気と力が与えられるからです。キリストの教会は、どんな時代にも、「教会の首《かしら》であり、世界の主でいます」キリストの主権を明確に告白するものです。

「カイザルは主である」とするローマ帝国の総督ピラトに対して「上からたまわらなければ何の権威もな

い」と告げ「わたしは主である」と宣言せられた主イエス・キリストに仕える信仰告白の闘いとして、この闘いを通して教会につかえるものです。この意味で、キリスト者遺族の会は、キリストの教会に根ざし、主にある一致を与えられ、共に進み行きたいと祈っております。

（機関紙「キリスト者遺族の会」１号　一九六九・五・一六）

霊璽簿問題

一九六九年八月十五日と七〇年四月二日の二回にわたって、靖国神社に対し「霊璽簿記名抹消要求」を行った。一回目は、戦死者、遺族ともにキリスト者である場合に限り、申請者は一〇名、二回目は戦死者がキリスト者でない者を含め二一名が申請した。いずれも「靖国神社御創建の由来により」拒否された。一九七〇年五月四日には、日本遺族会に対し公開質問状を提出したが、返答は得られなかった。

霊璽簿記名抹消要求

先の国会に靖国神社法案が提出されました。この法案は、戦没者を英霊と呼び、国がその事績をたたえることを通して、戦死者の死を美化し、戦争への道を開くものです。また国家が神社神道に加担することによって、国民の良心・信教・思想の自由を侵害するものです。

このような靖国神社国営化が強行されようとしているとき、戦死者である私たちの肉親が靖国神社にかかわりを持っていることは、私たちにとって耐え難いことです。なぜならば、肉親の死が戦死であるゆえに美化されることを拒否し、それによって軍国主義化を阻止することこそが、残された私たちの義務であると考えるからです。

また、靖国神社に祀られることが、キリスト者であった戦死者本人および私たちの信条に悖ることは言うまでもありません。

よって私たち遺族は、戦死者である私たちの肉親を直ちに貴靖国神社の霊璽簿より抹消し、合祀を取止めるよう要求します。

戦死者氏名。

遺族氏名。

昭和四十四年八月十五日

宗教法人靖国神社御中

靖国神社宮司との会見記

小池　健治（会友、弁護士）

八月十五日の終戦記念日に、靖国神社に対し、キリスト者遺族の霊璽簿抹消要求を行なったが、その際、靖国神社の木曾登調査部長が後日、これに対する文書回答をすること、神社の責任者池田権宮司が会うことを約束した。八月二十七日、約束に従って、角田先生、島崎さん、白銀先生の三遺族に、記録係として西川さん、それに介添役として小生が参加し、計五名が靖国神社社務所で木曾部長も同席して池田良八権宮司《ごんのぐうじ》（宮司の次にえらい人）と会い、話し合った。

話し合いは一時間余り、紳士的な雰囲気のうちにも鋭い意見の対立や応酬があった。次にその問題点の主なものを紹介する。

まず、霊璽簿抹消の理由について、島崎さんが、「人間が神として祭られるということは、自分の良心からして非常に心苦しいから早く霊璽簿から抹消してほしい」と要望したのに対し、池田権宮司は、「靖国神社はその創建の由来が明治天皇の「一人残らず戦死者を祭るように。いつまでも国民に崇敬されるような施設（神社）を作れ」との御聖旨により創建されたものであるから、遺族や第三者が、祭ってくれとか、祭ってくれるなとかいわれても、そのような要求は断らざるを得ない」と答えた。ここでは祭られる人やその遺族の意見と関係なく天皇の一方的意見により神社神道という一定形式による祭祀が、施行、強制され、それが当然であるかの如き考え方が露骨に出されている。祭りの主体、中心は、戦没者本人や遺族ではなく、天皇ないしそれを利用するグループであること――それが正に靖国神社の本質的性格であること――を如実に示している。

又、池田氏は「靖国神社は、憲法にいう宗教ではない。日本人ならだれでも崇敬すべき〝道〟（道徳）である。靖国神社のこの本質と、祭祀の内容というものは、戦前も戦後も又、将来靖国法案が成立して国営化されたあとも全く変らない」と述べた。これは〝神社は宗教にあらず〟という戦前の宗教弾圧時代の悪名高い命題を再現、強調したものであり、とくに、靖国法案提案者が、違憲のそしりを免れるために、法案成立後は、若干でも儀式行事の内容が変り宗教色が払拭されるかの如き宣伝をしているのに、当の靖国神社側は、これらを一切意に介せず、国営後も全く同一内容であると正直に告白していることは注目に価する。これは靖国法案が憲法違反のゴマカシ法案であることを明白に証明するものと考えられる。

この外、池田氏は、その矛盾したあいまいな論理を遺族会側から鋭く追及され終始苦しい弁解を重ねた。たとえば、「靖国神社は宗教でない」というので、「それならなぜ、宗教法人でいるのか」と問われ、占領中は米軍のピストルの圧力によって宗教法人になったまでであり、又、講和発効後も財団法人に切り替えるため一旦解散してしまうと、新しい財団法人を作るまで業務が停止しては御祭神に申しわけないからその手続をしなかったとか（これはそのような手続上の困難ではなく、靖国神社が正に〝宗教法人〟であるから、そのような取扱が不可能だったのであると考えられる）、「宗教でない証拠に教祖がいない」というので、「神社は天照大神を最高神として祭っているのではないか」と追及すると、「天照大神は、最高神であって絶対神ではない」とか、前回木曾氏が、国からの新たな戦死者の通知につき厚生省と了解事項があり、それによって霊璽簿に載せて行くのだ、とハッキリいったのに、今回は、（おそらく、国の関与は違憲だと攻撃されるのをおそれて）それを否定したりした。

今回の会見で、靖国神社側は、キリスト者遺族の会の抹消要求を認めなかったが、その理由がハッキリしたことや、靖国神社のこの問題及び靖国法案に対する考え方、態度が明瞭になり、その欺瞞性が暴露されたことは、大きな収穫であった。池田氏は、今後も話し合いをしてよいといっているので、今後問題点をしぼって、話し合いを繰返すことが必要だと思う。靖国問題は、法案の成否いずれの場合でも長く継続する問題である。霊璽簿抹消要求問題を端緒として、ジックリと腰をすえて闘う決意を新たにしたい。

（『遺族文集』②　一九七五）

日本遺族会に対する公開質問状

私たちは、愛する肉親を戦争で失い、戦後その悲しみと苦しみとを負うて生きて参ったものであり、またそれゆえに祖国の平和を何よりも尊く思っている遺族です。私たちは同じ遺族として、またある者は日本遺族会の一員として、靖国神社の国家護持と、そのために靖国神社法案を成立させようとしている日本遺族会会長および役員の方々に、以下のとおり公開質問を致します。責任ある御回答をいただきたく存じます。

一、靖国神社法案第一条は、戦死者を英霊と呼び、国がその事績をたたえこれを偉業として永遠に伝える旨規定していますが、このように戦死者の死を美化することは、国民の間にかつての誤れる愛国心を復活することにならないでしょうか。肉親の死が戦死であるゆえに美化されることを拒否し、日本が再び軍国主義化する危険性をぬぐいさることこそ、残された遺族の義務ではないでしょうか。

この法案の成立を図ろうとすることは、遺族が戦死者に対して負うているこのような義務に悖る行為であると考えますが、この点について会長以下役員の方々の御見解を伺いたく存じます。

二、同法案第二条と第五条では、靖国神社は宗教団体ではない、宗教的活動をしてはならない、と規定していますが、靖国「神社」でなくして、また宗教上の慰霊行事を一切しないで戦没者等の霊を本当に慰めることができるのでしょうか。

もし宗教以外の形で戦没者等の慰霊をすることができるのならば、なぜ「靖国神社」でなければならないのでしょうか。現在国が管理している「千鳥ヶ淵墓苑」ではなぜいけないのでしょうか。

三、靖国神社は国家に護持されることにより、自主性、独立性を失い、政府の指示により動く国の一機関となってしまうのではありませんか。そして結局、その時の政府の利益や都合（たとえば自衛隊員の士気を鼓舞して海外派兵や徴兵制度の復活を容易にするなど）のために利用されてしまうことにならないでしょうか。

四、私たちは、戦死者、遺族などの戦争犠牲者に対する国家の責任は、結果的に侵略戦争に加担することを余儀なくされた戦没者等の「事績」を称えることによって果されるのではなく、これからの日本と世界の平和を築くために、過去の戦争、ことにその指導者自身の厳しい反省がなされて初めて果されると考えます。

また、この法案は戦没者の栄誉を称えるという財政的負担の少ない安上りな精神的慰留の方法により、遺族その他の戦争犠牲者に対する社会保障の貧困を糊塗しようとするものと考えられます。私たちは遺族を含む国民全体に対する社会保障を徹底し、国民の平和で豊かな暮しを可能にすることこそが、国家がなすべき、最も大切な、また最も必要なことであると考えます。戦没者や遺族など戦争犠牲者に対する国家の責任を果す方策について、会長以下役員の方々はどのようにお考えでしょうか。

一九七〇年五月四日

日本遺族会会長殿

キリスト者遺族の会　代表者、実行委員長

小川武満（他九〇名）

（『遺族文集』③　一九七九）

靖国違憲訴訟を支援する会　趣意書

一、戦争の惨禍という多大の犠牲によって得た平和憲法が空文化する危険に瀕し、又、紀元節や神話教育の復活、教科書検定の強化などによって、国民の精神的自由の面でも人権の保障が危くなってきています。

このような情勢の下で現在〝靖国神社国営化法案〟が、広汎な国民各層の強い反対にもかかわらずすでに三度にわたって国会に提出され、明らかに一つの宗教団体である靖国神社の国営化が着々と進行しつつあります。この法案は、戦前戦中のように〝神社は宗教に非ず〟という似非論理的命題の下に神社神道という一つの宗教を事実上国教化し、憲法で保障された国民の信教の自由や良心の自由を踏みにじろうとするものであります。しかも、靖国神社の国営化を図ろうとする一部勢力の意図が、戦没者を国家が祀り、これを〝英霊〟として美化することによって国民に対し軍国主義的思想を復活させ、これを鼓吹しようとしているものであることも明白であります。

私たちは、今日の情勢下において、このように靖国神社法案によって国民の信教の自由、良心の自由が侵害され、かつ日本が再び軍国主義化されようとしていることを深く憂えるものであります。

二、靖国神社をめぐるこのような情況の下で、国民の信教及び良心の自由を守り、かつ日本の軍国化を阻止しようとする戦没者遺族は、数年来戦没者本人及び遺族自らの信仰に基づき、かつ侵略戦争への参加を偉業として祀られることを耐え難い良心の苦痛として、靖国神社に対し、同神社の霊璽簿に記載されている肉親の名を抹消し、合祀することを取止めるように要求してきました。しかし同神社は、「創建の趣旨及び伝統に鑑み」という極めて不当な理由でこの要求を全く拒絶する態度を示しています。しかも靖国神社は、戦後国家から明確に分離され、一宗教法人として存続することになったにもかかわらず、現在なお政府との特殊な関係を続け、関係官公庁は神社の祭神の合祀その他について特別な便宜を与えています。

靖国神社が、戦没者本人並びに戦没者遺族の意志を無視し、その信条に反して一方的にすべての戦没者を合祀していること、又、これに国家が加担していることは、これを是としない国民の信教及び良心の自由等精神の自由を明らかに侵害するものであります。とくに靖国神社国営化が図られつつある今日、霊璽簿抹消要求を拒否されている戦没者遺族の精神的苦痛は日に日に強まっています。

三、ここにおいて私たちは、人類の多年の努力によって獲得された国民の信教の自由及び良心の自由を保持し、〝靖国神社国営化法案〟の違憲性をいっそう明確にし、これに対する国民各層の反対運動を強化するとともに、万一にも同法案が国民多数の意志を無視して強行成立するような事態となった場合には、直ちに総力を挙げて靖国神社国営化違憲訴訟を提起することを決意しました。

そして、これらの訴訟貫徹のために進んで原告となろうとする者による「靖国違憲訴訟原告団」が結成されましたので私たちは物心両面にわたってこれを守る「靖国違憲訴訟を支援する会」を結成いたしました。私たちは私たちと同じ目的をもち、かつ専門的分野からその貫徹を期している「信教と良心の自由を守る靖国違憲訴訟法律家会議」の全面的協力を得てこれらの訴訟を遂行し、我国において真に信教及び良心の自由が確立するまで斗い抜く覚悟であります。

四、以上のようなこの会の設立の趣旨を御理解・御賛同頂き、一人でも多くの方が、「信教と良心の自由を守る靖国違憲訴訟を支援する会」に参加され、国民的基盤をもってこの運動を発展させることができますよう御協力をお願いする次第であります。

一九七一年五月

（『遺族文集』③　一九七九）

第2部［資料編］

遺族の会50年の記録

II　戦前への復帰はあってはならない

津久井集会の課題と成果

小川　武満（会員、初代実行委員長、牧師、医師）

一九七三年四月二十一日神奈川県津久井郡の津久井湖記念館で行われた小さな集会を、特に「津久井集会」と名付ける意味は、どこにあるのか？　当日の講師であった西川氏は、二つの理由をあげている。「一つは、遺族による遺族に対する初の町のヤスクニ版という意味から、もう一つは、その日の予期せぬ成果を今後に生かすために」と。

靖国法案に反対する遺族として、キリスト者遺族の会を中心とする約二〇名と、法案賛成の日本遺族会所属の津久井郡遺族会員約三〇名が、一堂に会して、約三時間の充実した集会をもち得た感激は、今も忘れられない。津久井郡は、神奈川県と山梨県の境にある丹沢山系を背にして、相模湖、津久井を含む相模川流域の山村地帯にある。戦没者数は一一一五名で、その大部分は、階級が低く、兵長以下七六五名、軍属五九名、満洲開拓団員五九名である。それに比して、佐官は一名だけ、尉官四三名（准尉一一名）、下士官一八五名中伍長一〇〇名である。昭和三五年厚生省発表による戦没者一六八万人中で、兵長以下はその半分以下の八一万人であるのに、津久井郡では、三分の二以上に当る。貧困な農山村で、学校にも行けず、職業軍人や志願兵も少く、皆国民の義務として、召集された必任義務兵や、村ぐるみで満洲に移住した開拓団員とその家族たちが死んだのである。津久井郡遺族会長は、労働力に頼る貧困な農山村の家庭から、男子の働き手が奪われることが、どんなに大変かについて、「平時に於いても一家の柱石たる壮丁が軍務に服することは、其の家庭に大なる負担でありました。戦時に於いては一層の重荷でありました。その上に戦死の公報に接しますと家庭の状況は一変しました」と卒直に述べている。特に戦死した夫に代って、一家の重荷を負って、夢中で生きつづけて来た戦争未亡人は一五五名いるが、その代表者の一人は「軍人の妻として、又母として、泣き言を胸に秘めて、死と戦い抜いた戦争未亡人の当時の其の姿は、画にも筆にも表わすことの出来ない魔物でした」と述べている。

このような、はげしい悲痛な遺族感情は、閉鎖された山村社会で、遺族会の団結を強固にし、「町のヤスクニ」としての慰霊祭を盛んにし、郡内各所に二八の慰霊碑が建てられている。しかも戦前に建てられたもの一三で、戦後特に対日講和条約締結の記念事業として神奈川県戦没者慰霊堂が建てられて以来、郡内各地に、次々と一五の碑が建てられた。その名称は色々で、殉国芳名（一）殉国の士（二）殉国碑（三）殉国英霊碑（四）慰霊碑（三）慰霊塔（一）招魂碑（一）となっている。終戦前の碑は、大部分は忠魂碑（九）表忠碑（一）であり、日清事変記念碑、日露戦役従軍記念碑、従軍者（シベリヤ出兵、間島事変、満洲事変）等各一基ずつである。このように、終戦前の忠魂は、終戦後に殉国英霊となり、表忠は、慰霊、招魂となっている。そして、碑の題字を書いた人物は、終戦前には、山県有朋元帥を始めとした、陸海軍の大将、田中義一、荒木貞夫、一戸兵衛等であったが、終戦後には、靖国神社宮司筑波藤磨（五）遺族会長（四）県知事（二）町長（一）となり昭和四十年八月十三日慰霊塔の題字は、内閣総理大臣佐藤栄作となっている。即ち、国と県と町とが一体となって、遺族会と靖国神社に結びついているのである。祭政一致の体制が戦前戦後を一貫して、この地方の人心を支配しているのである。

復員軍人を代表して、慰霊碑の題字を書いた元憲兵の城山町長は「我が郷土の今日あることは、国難に際し、一死報国の念に燃え殉じた幾多英霊のご加護によるものである。英霊を顕彰し、ご遺族を援護することは、国民の義務であります。国を始め県や市町村も、終戦から今日まで、積極的な努力を傾けて、参りましたが、今後も引き続きご遺族の福祉の増進と、町づくりに邁進することが、英霊におこたえする唯一の道であると信じます」と述べている。この町長の言葉のように、津久井郡遺族会の活動は、その出発から、今日迄、福祉行政の一環として強力に推進されて来ている。即ち、昭和二十二年三月津久井地方事務所指導のもとに、郡下一四ヶ町村に遺族会が結成され、遺族会連合会事務所は、福祉事務所に置かれ、その後、町村合併で四遺族会となったが、郡遺族会連合会の事務所は引続き福祉事務所にあり、各町遺族会の事務所は、町役場の住民課に置かれ、役場の職員が凡ての事務を担当している。即ち遺族会の事務局長は、役場の住民課長、遺族会の書記、会計は役場の福祉係長である。又町の慰霊祭は、町長、議会議長、各種団体の代表の参列のもと、仏式と神式と交互に行われ、靖国神社の参拝等も全額町の負担で行われている。靖国法案第三十二条では「地方公共団体は、靖国神社に対し第二十二条の業務に要する経費の一部を補助することができる」とあるが、既にその準備体制はととのっていて、この法文化に応ずる実績までも出来ているのである。日本遺族会長賀屋興宣氏は、津久井郡遺族連合会の「二五年のあゆみ」と題する記念出版誌の巻頭に「私どもは、靖国神社国家護持の実現をはじめ英霊顕彰の道をきりひらき、また遺族処遇に関しても、さらに抜本的な改善をはからねばなりません」と訴えている。更に神奈川県遺族会長佐藤信氏は「苟も国家の要請に答え、戦に従い最善をつくし、遂に尊い身命を国に捧げた戦没者は、国民として最高の奉仕、人間として最高の道徳を身をもって実践したものであり、これに慶弔感謝の誠を捧げることは、道義の根本であると信ずるものであります」と所信を述べている。この信念は、日露戦争から大東亜戦争に至る戦争は、西欧帝国主義侵略に対する自衛戦争であるとの聖戦思想に基づいている。この思想を受けて、城山町遺族会長も「私達が永年に亘り国に懇請している靖国神社国家護持の問題が未解決でありますが、是非共この希望が達成されますことを祈念して所感と致します」と述べ、津久井町遺族会長も同様である。私はこの遺族会長に、津久井集会に出席して、挨拶の一言でもしてもらいたいと交渉したところ「お前は一体何ものだ。遺族はみんな靖国法案に賛成だ。この集会が、法案賛成の集会なら出席するが、そうでなければ出席出来ない。私は、靖国法案を今度の国会で通すように、代議士によく話してある。はっきりと賛成なのだから法案研究などする必要はない」と大声でどなりつけられた。これと同様な怒号は、日本全国の地域社会で、法案反対の戦いを進めようとする時、いたるところで聞かれるものではないだろうか？　津久井集会の課題は、最も困難に見える地域での法案反対運動を、遺族の只中に進めて行く、遺族としての使命を果たすことであった。遺族から遺族に、どこまでも遺族の立場に立って、法案の問題点を掘り下げながら訴えていった。

講師の西川さんは、先ず、靖国法案賛成者の代表とも云える仁瓶さんの投書を取り上げ、戦争で愛する者を失った遺族こそ、ほんとうに平和を求めているものであるとの主張に心から同感であると述べ、遺族会創設の主旨は「平和国家建設にある」ことを明確にした。しかも、終戦後の遺族たちは、人々から戦犯者のように白眼視され、生活の困難と戦いながら、遺族同士が助け合う相互扶助の立場に立って、遺族厚生連盟として出発した。これこそ、日本遺族会の最初の歴史であった。しかるに政府は、今日迄遺族のために何をしてきたか？　今も尚サイパン島等各地に放置されている遺骨収集に対しても、具体的な手を打っていないではないか？　と仁瓶さんの投書の中に出て来ているサイパン島のカナカ土人の政府批判にも触れて、遺族の心情に迫った。会衆の遺族たちが、静かな緊張のうちに、次第に引き込まれるように耳を傾けはじめた時に、仁瓶さんの立場に同調出来ない三つの点を、するどく指摘した。第一は、仁瓶さんが靖国法案反対者は、政治的な革新団体の一部のものにすぎないと主張するのは間違いだ。広く、仏教、神道、キリスト教等の主要な宗教団体の代表者たちや、多くの大学教授、学者たちも反対している。その理由は、憲法で保障されている政教分離の原則を破る憲法違反の法案だから反対するのだと強調した。第二に、仁瓶さんは、靖国神社を、日本人の祖先の霊所であると云っているが、それも間違いで、明治天皇の命によって建てられ、明治政府の軍国主義政策の台頭と共に、次第に栄えてきた軍隊の神社である。明治の初めには、多くの遺族たちは、靖国神社に肉親のものがまつられることを拒否したこともあったと、歴史にもとづいて、靖国神社の実態を明らかにした。第三に、靖国神社に、英霊として祭られている戦没者のうちには、中国大陸や、南方諸国で、惨虐な殺人行為をした人々も多くいるのだから、日本の遺族たちは、もっと中国人やベトナム人等南方諸国の遺族たちの立場もよく考えねばならないと強く訴えた。私たちは、今にも熱狂的な反対の叫びや、未亡人たちのヒステリックな声が、会場をかき乱すのではないかと緊張したが、西川氏の心に迫る真実な言葉の前に、深い沈黙の時がつづいた。怒号もなく、拍手もなかった。

司会者としての私は、この固い沈黙を、解きほぐすために、出席者全員の自己紹介と講師に対する卒直な質問を求めた。最初私の隣りに坐っていた八十歳近くに見える農夫に発言を求めたが、容易に口を開かなかった。やっと重い口を開いた老人は、「自分の息子は、満洲の東寧で、行方不明のままで、戦死として処理された」とつぶやくように語った。息子の戦死をまだ信じたくない父親の心情が強く迫った。私の夫は硫黄島で玉砕した。自分の息子は満洲開拓団員で殺された。自分の夫は、軍属でつれて行かれ、南方で船が沈んで死んだ。次から次と、ほとばしり出るような愛するものを失った思い出が、皆の胸を打ちつづけた。その深い感動の渦の中で、キリスト者遺族の会の藤川溪子さんは、出席した戦争未亡人たちに対して、同じ未亡人の立場から「私は夫が靖国神社に祭られていることを恥ずかしいことだと思っています」とはっきりと告白した。更に、城山町の町会議長の経歴もあり、はぐさ会の指導者である歌人の加藤さんは「戦争がなければ、遺族はいない。戦争を再びしないことこそ遺族の願いだ。ところが、靖国法案は、戦争をたたえ、戦争のための法案と思えるから反対だ」と明白な反対意見を述べた。これに応ずるように、津久井高校の教師をしている遺児は「この法案は遺族の心情を利用して、再び戦争の準備をする危険な法案だから反対します」と云った。最後に、城山町で有力な町会議員で遺族の一人が「講師は、英霊を批判したが、国のために戦場に出て、国のために死んだのだから、その人たちの、生きざま、死にざまは問わず皆英霊として崇むべきではないか」と質問した。この問にするどく答えて、西川氏は「英霊の決定権は、遺族にはなく、国にある。この法案では、総理大臣にある。敵前逃亡と認められたものは、決して英霊としてまつられはしない。たとえ英霊として祭られ、国が盛大な慰霊祭を行ったとしても、そんなことで遺族の心は、ほんとうに慰められるのでしょうか？　私は遺族として、決して慰められない。皆さんは、この法案が通ったら、果たしてほんとうに慰められると思っていますか！」と心の底から叫んだ。この時、期せずして拍手が起った。法案の賛否の論理を越えて、遺族としての共感と深い感動に打たれた拍手だった。

遺族は皆、政治家に不信感を抱いている。皆が真実を求めて、飢えている。津久井集会の成果があったとすれば、遺族が、遺族に対して赤裸々に、法案の問題を訴えたことにあったと思う。この成果は、決して私たちの予期したものではなかった。私は津久井集会の当日まで、集会を中止したほうがよいのではないかと迷っていた。何故なら、一歩あやまれば、とりかえしのつかない感情的対立と遺族間の分裂に陥る危険があるからだ。私は津久井集会の成果の蔭にかくされたいくつかの要素を深い感謝のうちに思い起している。まずキリスト者遺族の会の実行委員会が、全面的にこの集会の準備に当り、深い祈りのうちにおぼえ、鎌倉、浦和等の遠くから、最も不便な津久井湖畔まで、あらゆる犠牲をはらって参加して下さったことである。つぎに、私の牧する恵泉伝道所の委員会が、この集会のための案内ハガキを一三〇〇通も宛名を書き、祈禱会で一致して、この集会のために祈ってくれたことである。そして、地域住民のうち日頃から親しくしている人々に訴え、その理解を得、町会議員の遺族を説得し、政党色を越えて、参加してもらえたことである。特に社会党、公明党、共産党等、靖国法案反対の立場にある野党議員を支持する遺族たちの出席を得たこと等である。しかも、津久井集会の表面には、一切の宗教色も、政党色も出さないで、ただ遺族としての心情を出し合うことが出来たからである。そして津久井集会のほんとうの成果を今後に生かすためには、このかくされた地味な日常の絶えざる歩みを続けて行く以外にはないと思う。「津久井集会メモ」と題した藤川さんの言葉が思い起される。「底辺のというと語弊があるかもしれませんが、文字どおりこれ以上掘り起すことのできないレベルでの戦争遺族たち、そういう人たちに、今まで一度だって丁寧な膝をつき合せた、土地弁まる出しの話しあいが、この戦争好きというレッテル持ちの日本の国内のどこかで持たれたことがあったでしょうか。そういう意味できわめて貴重な会合であったと思います。こういう会はもっともっと多くの地域で、市町村単位というより小部落単位で持たれるべきではないでしょうか。真実力ある声はそこからしか生れてこないという気がいたします」と。私は、今日まで、靖国法案反対の戦いの中で、北海道から沖縄まで全国各地で、町のヤスクニとして、数多い貴重な集会が持たれ、次第にその輪を拡げて来ていることを信じている。その中に多くの遺族たちが、平和を造り出すためのよい働きを続けていることと思う。北海道の伊達市での松本牧師夫妻をかこむ地味な町の靖国集会の印象を忘れ得ない。長崎の集会、長崎平和遺族会のアピールに対する全国各地の反響も決して消え去りはしないであろう。本願寺派の中にも、法案反対の遺族会結成の動きが見られる。わだつみの会や妹たちのかがり火の会の方々とも、遺族として連帯の輪を拡げつつある。あらゆる相違をのりこえて、平和を求める遺族たちの広く深い団結の力のみが、靖国法案を推進しようとしている政治的な圧力をはねかえし、暗い戦争勢力の策略を打破り、一切の偶像礼拝を拒否して、真の自由と平和な道を切り開いて行くであろう！

（『遺族文集』②　一九七五）

信教と良心の自由を守るための靖国違憲訴訟提起宣言

私たちは遺族でありますが、遺族でありますからこそ、戦争の惨禍とそこに流された幾多の血汐によって獲得された現憲法を大切にしたいと思いますし、国民主権・戦争放棄・信教・思想及び良心の自由を確保する努力を遺族として継承すべき責任と感じています。したがって、今日は憲法を守るたたかいに結集した多くの市民団体・法律家の集い・宗教団体・労組・各野党等のたたかいの一環として、以下の趣旨と方法により靖国違憲訴訟を提起することを宣言します。

一、時期　靖国法案が国会において強行採決された時点

二、組織

①「信教と良心の自由を守る靖国違憲訴訟原告団」の組織

信仰・思想・信条を問わず、ただ遺族とし、また家族の心を代表する者として本訴訟の趣旨に賛同し、かつ、責任ある護憲団体の推薦を経た人で組織する。

②「支援する法律家会議」の組織

弁護団を中核とし、靖国法案に反対し、本訴訟を支援する法律家によって組織され、本訴訟勝訴により現憲法を守るたたかいの法的根拠を確立する。

③「支援する会」「同事務局」の組織

本訴訟の趣旨に賛同し、精神的・物質的・時間的に共に歩む人々によって組織する。なお、今後の会報・会計等の実務と監査にあたる事務局を設ける。当分の間①③の事務所を横浜市磯子区森ヶ丘一―四―二七　角田三郎方（〇四五―八四三―六〇八六）におき、②の窓口を今村嗣夫法律事務所（〇三―四二八―三三三九）とする。

三、趣旨（訴訟提起の理由）

靖国神社は、明治の神道国教化政策の旗手として創建され、それ以来、国定教科書や軍歌等にしばしば登場し、また参拝拒否の有無を踏絵として用いた等の無数の事実から、軍国主義の教育と神社神道による信教・思想・良心の統制の原点としての役割を果たしてきたことは私たちの熟知する所です。また、防衛二法の成立・教科書検定から君が代・日の丸法案・自民党流道徳教育の強行から日教組への不当な圧迫、国民多数の反対を無視する靖国法案衆院強行採決等、信仰・思想・良心への干渉の魔手が伸び、軍国主義・復古的思想への傾斜は急角度を加えています。このような時点で、この靖国神社国営化法案の持つ危険な意味は、充分に認識されなければなりませんし、私たちの全力を尽くしてこれを阻止しなければなりません。

①　私たち遺族は法案第一条にみられる英霊・道徳・実績・偉業等の言葉に現れる戦争とそれへの参加者に対する尊崇・讃美・肯定を認められません。遺族として、悲痛な悲しみに耐えてくることしか出来なかった私たちは、だからこそ、「虚しい国定の慰霊」によって新しい軍国主義の教育を築き、信教・思想・良心の自由を再び奪おうとするこの法案の本質を見抜きます。あの悲痛な呻き、虚しく流された血は、偽りの慰め

によって蔽われてはならない、真の平和と自由の礎なのです。

② さらに私たち遺族は、この悲しみを知る者としてもっとゆえなく戦争の犠牲として殺され、おかされ、苦しみを受けた隣国の人々の嘆きの前で、どんな理由にせよ、戦争を肯定し、それへの参加者を尊崇する法律は「遺族として」拒否しなければならないと思っています。特に日本の軍国主義化や経済侵略の警戒されている今、この点を明らかにすることを道義的な責任と感じています。

③ 靖国法案に於て、国が宗教及宗教行為を恣意的に定義し、津地鎮祭違憲判決その他良識ある多くの人々の判断を無視して、靖国神社及びその宗教的行事を宗教でないとし、宗教法人靖国神社を解散することは決定的な誤ちであり、今後も政治による宗教への干渉への悪例を開きます。まして歴史的事実は「神社を宗教でない」とすることが、廃仏毀釈等の神道国教化運動に失敗した明治政府が、信教の自由の建て前の下にすべての信仰と良心を統制する手段として用いた詭計にほかならないことを示しています。昇・降神や修祓等の宗教的行事を除くという法制局の見解と、それに対する神社本庁の抗議等はすべて計算された芝居であり、靖国神社当局が「伝統に基づく神道祭儀の不変」を明言している事実を私たちは確認しています。

④ 霊璽簿抹消要求に対する靖国神社からの回答が「創建の由来と伝統に鑑み」また、「明治天皇の大御心によって」拒否するものであったことも重大です。すなわち、靖国神社の祭文は今も「天皇乃大命璽座世」で始まり「天皇乃大命乎聞食世止恐美恐美母毛須」で終るように、事がらが依然として天皇の祭祀大権に属することとされます。そして現在も神官の教科書に「神道人は天皇制の意義を一段と宣明しなければならぬ」と示すのです。私たちは血を以て贖われた国民主権と信仰・思想・良心の自由を侵されながら、その侵

す祭儀にとりこまれつつ沈黙すべきでないと確信します。また、天皇や権力機構が、個人の信仰・思想・良心を侵すことがゆるされたり、より深い「慰め」をなし得ると認めさせるようなことは、あってはならないと思います。

⑤　また靖国神社にまつられることは、天照皇大神＝天皇を最高至貴の神とする政治的宗教的秩序の中で、自らも「まつろいし」故に神とされ、人々に神となる道を示すという枠組を受け入れることであり、この枠組の中でだけ信教・良心の自由のあることを承認することです。靖国神社誌に創建の由来を「慰霊」とともに「いよいよ忠誠を尽すようにとの大御心」によるものとして記し、戦前の教材解説書に「招魂祭とは国民に戦争参加と忠誠心を教育する一大祭典である」と明言していることも重大です。そしてこのことは現代議士が「私もと誓うのが靖国神社だ」といい、神社新報のパンフレットに「この神社の光栄を回復することなくして国民の忠誠心の回復はありえない」と記すことに受けつがれています。したがって、この創建の由来と伝統に沈黙することは、私達の信仰と、平和を求めてやまない遺族の真情を全くふみにじられることとなります。くり返しますが国民主権・戦争放棄・信教と思想及び良心の自由は血で贖われた憲法の骨格であり、したがって遺族の真に承継・保持すべき伝統です。

⑥　国が英霊を決定することへ深甚な疑問を懐きます。広島・長崎の原爆死や、無数の戦災死傷者の苦しみ。沖縄の人々の今日にまで続く苦悩、高度成長をうたった体制下に起った水俣病等無数の公害病患者の苦しみ。一人一人の真実と信仰と良心のゆえに時の政府に抗し圧殺されていった人々。これらの人々よりも、なぜ靖国の英霊がその偉業が讃美されるのでしょうか。国と権力及びそれに隷属する宗教が、その立場から英霊を

定めることに、英霊と定められた者の遺族として参加させられることを私たちは拒みます。
⑦　なお、この靖国神社への合祀手続が厚生省の通達により各県で行われているが、それは政教分離原則への著しい違反であり、これらの出来事一つ一つが憲法をなし崩しにし、改憲への足掛りを築く重大な事がらと認めざるを得ません。

以上により、私たちは遺族としての立場から、靖国法案に対して沈黙することは出来ず、強行採決等の事態を見た今、霊璽簿抹消要求その他の要求をかかげて、この訴訟提起の宣言をすることを決意しました。ただ私たちは、どこまでも護憲運動の一環として自己規制し、また多くの信条・信仰・思想・良心をことにする人々とともに、この目的遂行の為に共闘してゆきたいと願っています。自衛隊違憲判決・津地鎮祭違憲判決・家永訴訟判決等の中で、私たちは、それぞれのたたかいが空しくはならないし、このようにして憲法と、信教・思想及び良心の自由が守られるのだという励ましを受けています。どうか多くの方が、この原告団形成に積極的に参加して下さいますように。

一九七四年十二月六日

信教と良心の自由を守る靖国違憲訴訟原告団

（『遺族文集』③　一九七九）

戦没者遺族宣言

わたくしたちは、愛するものを失った戦没者遺族として、一九六九年以来靖国神社法案に反対して立ち上り、「私たちの愛するものは遺族ではない」「戦争は偉業ではない」と訴え続け、信教と良心の自由を守るために、戦没者本人及び戦没者遺族自らの信仰に基づき、靖国神社に霊璽簿記名抹消請求をくり返し、靖国違憲訴訟の準備を進めてきました。

一方、自民党は昨年五月二十五日、衆議院本会議で、靖国神社法案の単独採決を強行し、その後、六月三日に参議院で廃案となった同法案を練り直し、しかも従来の靖国神社法案の精神を生かした「戦没者等の慰霊に対する表敬に関する法案」（仮称）を去る国会に提出し、その成立を図ろうとしました。しかも、その新法案の前文には、「多年にわたるわが党の努力の成果である靖国神社法案は、最高至上のものである。したがってこれを立法化することを最終目的とする」という驚くべき内容が明記されています。

わたくしたちは昨年十二月臨時総会において、「国家による慰霊と顕彰にかかわるいかなる代案も絶対に認め得ない」と決議したごとく、この表敬法案に対しても、戦没者遺族としてのはげしい怒りをもって抗議し、戦争に反対し、平和を求める遺族としてその良心と決意とを表明するため、次の宣言を行います。

一、わたくしたちは戦争の惨禍を最も深く知らされた戦争犠牲者として、戦争を否定し、平和の実現を目ざす日本国憲法の根本精神を継承すべく努力します。

二、わたくしたちは、過去の戦争が天皇の名によって宣戦され、愛する者は天皇の名のもとに殺されたことを忘れず、その責任を追及する者として、この天皇が公式に戦没者の「慰霊」式典に参拝・参列することを拒否します。

三、わたくしたちは、愛するものが誤った国家政策の犠牲となったと考えているので、国家が一方的にその死を讃え、慰霊表敬をなそうとすることを拒否します。戦没者遺族がその思想・信条に基づいた固有の方式で行うべきであると確信します。

四、わたくしたちは、宗教法人靖国神社が、戦没者本人と戦没者遺族との信仰を無視し、戦没者を英霊集団として、没個性的祭神に祭りあげていることを拒否するのみならず、祭神の戦没者遺族としてわたくしたちが、教化育成の対象とされることを拒否します。

五、わたくしたちは、今日の日本遺族会が、平和を愛するあらゆる立場の戦没者遺族の心情を無視し、特定の政党と癒着し、同時にかつての戦争国家の精神的支柱であった靖国神社を「全戦没者の霊場」と断定することを拒否します。わたくしたちは靖国神社が天皇信仰によって支えられ、天皇の軍隊のみを選別合祀した人間差別と抑圧の支柱であったことを忘れません。

六、わたくしたちは、戦争犠牲者がわたくしたちだけではないことを銘記し、広く戦争犠牲者の遺族と手を結ぶと同時に、戦争を否定し、平和を造り出す意志を次の世代に伝え、平和国家建設のために尽すことを誓います。

七、わたくしたちは、戦没者が、アジアの隣国に対する日本の侵略戦争に参加し、多数の隣人を殺害した加害者であったことも忘れず、深い悲しみと悔恨の心をもって、再び、このようなことをくり返さないように、民族・宗教の枠を超えた遺族による新しい運動を展開する決意を表明します。

八、自民党をはじめ、いかなる政党も戦没者遺族の問題を、党利・党略その他のために利用したり、戦没者遺族の真の心情を無視したりすることのないよう警告します。

わたくしたちはここに戦没者遺族宣言を表明するに当り、とくにこの宣言の結実が決して容易でないことを覚え、日常の血みどろの努力によって初めてその実現が可能であることを確認し、戦没者遺族として平和を造り出してゆく責任と使命の達成に最善を尽すことを誓います。

一九七五年八月十五日

キリスト者遺族の会

（機関紙「キリスト者遺族の会」35号　一九七九・四・三、『遺族文集』③　一九七九）

キリスト者遺族の会「戦没者遺族宣言」解説

西川　重則（会員、第二代実行委員長）

はじめに

およそ「宣言」は、「声明」と異なり、時代と場所を越えて、主張されるべきものである。人権に関して言えば、国際人権宣言がそれである。アメリカの独立宣言あるいはフランスの人権宣言などは今日もなお、人類に大きな影響を与えている。

私たちが「戦没者遺族宣言」を公にしたのは一九七五年八月十五日であったが、この時点でこの宣言を出したのは、当時靖国神社法案推進派の運動に、公然たる古い日本への回帰現象が顕著となってきたからであった。

同時に、このような政治状況と表裏一体をなす精神状況がますます明らかになってきたからであった。靖国神社法案不成立の後も、天皇思想の復権運動は跡を絶たず、その端的な事例として、靖国神社法案の実質的先取りであり、靖国神社法案の本質ないし核心である天皇・首相らの靖国神社「公式」参拝実現をめざすさまざまな動きが見られた。「戦没者等の慰霊に対する表敬に関する法案」（仮称）がそれであり、実質改憲を意味する解釈改憲・現行憲法の解釈是正運動がそれであった。しかも、推進派にとって、「靖国神社法案は、最高至上のものである」ことは変わりなく、状況に対応した柔軟な戦略戦術による巧妙な運動が展開されつつあった。私たちにとってそうした政治面、精神面における状況認識を直視することが、緊急課題となったのである。

こうした歴史的状況のなかで、私たちは、単に一時期に限定される「声明」を発して問題に対処するのではなく、国の内外における状況を踏まえ、しかも、人類史の進むべき動向を過つことなく認識する信仰の目を持って、長期の戦いに備える覚悟を持たねばならなくなった。このために、私たちは「戦没者遺族宣言」を公に表明したのであった。

1　日本国憲法の根本精神の継承

日本国憲法（一九四六・一一・三公布、一九四七・五・三施行）の三大原理は、国民主権、個人の尊厳、平和主義にあると言われている。国民主権については、日本国憲法前文の冒頭にある次の言葉が、よくそれを表している。

> 日本国民は、正当に選挙された国会における代表者を通じて行動し、われらとわれらの子孫のために、諸国民との協和による成果と、わが国全土にわたつて自由のもたらす恵沢を確保し、政府の行為によつて再び戦争の惨禍が起ることのないやうにすることを決意し……（以下略）

国民主権に基づく反戦平和宣言である。言うまでもなくこの宣言は、この国の近代の歴史が、「政府の行為によって」、起こされた戦争の歴史であったことに対する深い国民的反省から生まれたものである。

したがって、この憲法の強調する国民主権の原理を具体化し、血肉化するためには、個人の尊厳と平和の実現が不可欠の要件となる。日本国憲法が、国民主権と個人の尊厳および平和主義を三大原理としたのはそうした理由による。この三大原理をばらばらにとらえるのではなく、相互に関わり合うものとして、その結実のために、すべての国民が不断の努力を払うことが、新生日本に最もふさわしい生き方であり、国際社会に名誉ある地位を占める唯一の道である。

私たち戦没者遺族もまた、国の内外に平和を造り出すためには当然、日本国憲法の根本精神の継承を願わずにおれない。

2　未決の戦争責任者天皇の靖国神社「公式」参拝を拒否する

今日、すべての日本国民が改めて真剣に反省しなければならないことの第一は、かつての侵略戦争の責任は今なお完全に償われていないということの認識を徹底することである。その反省はどんなに深刻であっても深刻すぎることはない。しかし、未決の戦争責任について考える場合、いわゆる国民総懺悔の発想は、かえって問題の本質をあいまいにさせる。

この際、次の文章が参考になろう。

国民等しく罪ありとするも、其の中には自ずから軽重の差が無ければならぬ。少なくとも満州事変以来官民の指導的責任の位置に居った者は、其の内心は何であったにしても重罪人たることを免れない。

（石橋湛山『東洋経済新報』社論　一九四五・一〇・一三）

石橋湛山の筆法をもってすれば、最高の重罪人が誰であるかは明らかである。問題は、戦後三四年を経た今日、天皇の戦争責任を正面切って追及する日本人は少ないことである。しかし、私たちは時の流れによって、天皇の責任を水に流すことは出来ない。日本人が水に流しても海外の声を消すことは出来ない。バーガミニの、『天皇の陰謀』に描かれた事実を全面的に肯定し得ない者も、バーガミニの受けた深い傷痕を拭うことは不可能であろう。無責任体系の最高位に位置する天皇であればなおさらである。

ともあれ、戦前の大元帥陛下としての最高の責任者天皇が、戦後もそのまま在位し続けていることは、少なくとも倫理的・道徳的責任を不問に付していることになろう。ましてや戦前回帰の風潮の中にあって、公然と、靖国神社「公式」参拝を行うなど許されるはずもない。天皇の名の下に肉親を殺された戦没者遺族が、天皇の「公式」参拝を拒否するのは、むしろ自然の感情である。

3　固有の方式による戦没者の追悼

戦前とくに戦中にあっては、戦没者遺族が肉親の葬儀を執行しようとする時、自由にそれぞれの方式によって執行することは必ずしも容易ではなかった。その最大の理由は、当時わが国が神権天皇制国家であって教育勅語による心の支配が全国民に強い影響を与えていたからである。すなわち、戦時においては、国家意思の貫徹のために、戦没者の葬儀はフルに活用される結果となった[注]。

およそ人間の生活の中で、肉親の葬儀に際会することにまさって深い悲しみを覚えることはない。それだからこそ、その悲しみに非情な国家の介入の余地は全然ないはずであろうし、許されるべきではない。まして国家が、戦没者遺族の意志を無視して、戦没者の死をあしらうことは、人間社会の中で最大の非礼であろう。まさに国家が個人の自由を剥奪していると言わねばならない。

そうであれば、私たちが戦没者の追悼について、私たちの思想・信条に基づいた固有の方式で行なうことを主張するのは、むしろ当然ではないか。しかし、この当然と思われることが、靖国法案推進派の人々には理解されておらず、戦没者遺族の衷情を顧みることなく、国の権威を背景に、戦没者の死の意味づけをしようとしているのである。国家もまたそのような推進派の運動を評価しようとしている。このことは、歴代首相が国立の千鳥ヶ淵戦没者墓苑よりも靖国神社を重視していることに、端的に表れている。

靖国神社が特定の宗教を奉ずる神社神道の神社であることを考えれば、戦没者の思想・信条を無視して一方的に祭神としたり、戦没者遺族の意志を顧みることなく、これまた、一方的に、戦没者の死を賛美する特定宗教の祭儀を執行して「慰霊表敬」に関わることは、追悼の本質を甚だしく逸脱していることになる。

［注］明治以降の「葬儀の自由」については、別途小沢三郎『日本プロテスタント史研究』（東海大学出版会　一九六四年）を参照。なお、以下も参照。https://www.townnews.co.jp/0302/2015/08/13/295214.html 神奈川県全域・東京多摩地域の地域情報紙『タウンニュース』（2015年8月13日）に「戦没者村葬の資料発見」掲載。

4　戦没者の「英霊集団」化と遺族の教化育成を拒否する

最初に、宗教法人「靖国神社」の規則の第三条（目的）を記しておこう。

本法人は、明治天皇の宣らせ給うた「靖国」の聖旨に基き、国事に殉ぜられた人々を奉斎し、神道の祭祀を行ない、その神徳をひろめ、本神社を信奉する祭神の遺族その他の崇敬者（以下「崇敬者」という）を教化育成し、社会の福祉に寄与しその他本神社の目的を達成するための業務を行うことを目的とする。

右の靖国神社「規則」を読めば、戦没者および戦没者遺族の思想・信条を無視して、「祭神」あるいは、「教化育成」の対象とすることは無理であることがわかろう。なぜなら、「祭神の遺族その他の崇敬者を教化育成し」の前に、「本神社を信奉する」という文言があるからである。この文言の意味をよく考えることが重要である。同時にその文面を必要とした背景に、宗教法人「靖国神社」という動かせない事実があることを忘れてはならない。この事実の重みは想像以上である。

ここで、戦後法制の流れを知ることが、強く求められるが、その代表的な事例の一つとして宗教法人法案の提出趣旨説明（一九五一・二・二八）を次に記しておこう。

この法律の目的とするところは、宗教団体に法人格を与え、宗教法人が自由で、かつ自主的な活動をするための物的基礎を獲得させることであります。これがためには、あくまでも信教の自由と政教分離の原則を、基本としなければならない（『靖国法案の展望』すぐ書房　一九七六年、五四〇頁参照）。

したがって、およそ、思想・信条の無視による戦没者の「英霊集団」化はもちろんのこと、戦没者遺族の無制約な教化育成が、宗教法人靖国神社の規則に抵触することは自明である。にもかかわらず靖国神社の現状は、「規則」を空洞化し、戦前指向の姿勢を露呈してはばからない。

５　差別と抑圧の支柱・靖国神社

今日、古い日本回帰の現象は誰の目にも明らかなほど顕著である。その動きの中で日本遺族会が重要な役割を果たしつつあることは、まぎれもない事実である。日本遺族会が特定の政党（＝自民党）と癒着し、戦後最大の悪法である靖国神社法案を国会に提出・成立させようとして精力的な推進運動を展開したことは、絶対に忘れてはならない。ここでさらに、日本遺族会の果たした役割として強調しておくべきことは、政教一体の実現をめざしている宗教法人靖国神社との深い関係である。しかも、靖国神社を「全戦没者の霊場」

と詐称して、その国営化を推進していることは、驚くべきことである。本来の戦没者遺族会の在り方から根本的に逸脱していることは言うまでもない。

いったい、靖国神社の歴史と現実を日本遺族会は、どうとらえているのであろうか。「靖国神社は、皇上御仁徳の余沢と、国民尽忠の精神との結晶にして、明治の昭代に於ける精華なることは今更喋々を竢たず」（賀茂百樹『靖国神社誌　全』靖国神社　一九一一年）という誇らかな著者の「緒誓」は、そのまま旧植民地下のアジア諸国、民衆に対する差別と抑圧の日本の歴史を反映するものであった。事実、同書に「（明治）三十七、八年及韓国暴徒鎮圧事件に於ける合祀者道府県別」の一覧表が掲載されているのはまさに、その端的な表現と言えよう。なぜ日本の軍隊が皇軍であり、韓国側が暴徒なのか。それは、靖国神社合祀の基準が天皇に忠勤を励んだかどうかにのみあって、それ以外何ら正当な理由を見出せない歴史から自明であろう。侵略戦争を批判したり、反戦平和のために戦った者、敵前逃亡罪の将兵は合祀されず、天皇の戦争責任追及回避の役割を演じたA級戦犯の東条英機元首相らが合祀される靖国神社の実態を、私たちは忘れてはならない。

6　次代への継承教育の責任

戦後三四年の今日、戦争を知らない世代の日本人が活躍していることはすばらしい。しかし同時に、日本国憲法が制定され、かつての大元帥陛下が、侵略戦争の責任を取ることなく、象徴天皇として在位し続け、天皇制が形を変えたまま持続していることの恐ろしさ、危険性を知ることなく、戦後育ちの人々があらゆる社会に進出していることも事実である。

ともあれ、敗戦直後の日本は、かつての侵略戦争の実態を知らされ、新しい日本の出発に際し、もはや二度と悲惨な戦争を起こさないために、それぞれの立場で平和を願い、その実現をめざして情熱を燃やした。愛する教え子を戦場に送った教師たちは、「教え子を再び戦場に送るな」という誓いを立て、教育の再生に喜びを見出した。

しかし今日の教育界は再び戦前・戦中の暗い雰囲気に包まれつつある。教育界も、徹底した平和創造の意志が欠如している。否、そうした姿勢を崩し、葬り去ろうとする公権力が感じられる。その他の世界も例外ではない。

私たち自身はどうか。果たして孤立の道を余儀なくされていないか。志を同じくする人々が連帯の輪を広げ、手を結び、最後まで共に戦うことが今日ほど強く要求されることはないのではないか。戦争犠牲者は数え切れないほど多いはずである。原爆被災者を始め、かつての戦争の犠牲者はあらゆる社会に今なお埋もれていよう。そうした犠牲者との交わりを深め、平和創造の運動の輪を広げることが、どんなに重要であり、緊急な課題であろうか。

そしてそのような横のつながりをさらに次代へと継承してゆくことの今日的意義の重要性は、言うまでもない。テレビの「宇宙戦艦ヤマト」が子供のロマンを育てつつある時代である。私たちの責任の大きさは想像以上である。

7　民族・戦没者遺族を超えた遺族運動

私たち戦没者遺族にとって戦後は、二つの点で重要な意味を持っている。一つは、私たちの肉親も、多数の隣人を殺害した加害者であったという事実を知らされたということである。これは、肉親の死を思うとき耐えがたい苦痛であるが、この加害者という冷厳な事実を回避することは許されない。

その二は、したがって、この冷厳な事実を知らされた戦没者遺族として、私たちはいかに生きるかという途方もなく大きな課題を与えられているということである。そのことを私たちは、「深い悲しみと悔恨の心をもって、再び、このようなことをくり返さないように」、新しい運動を展開する決意を表明したわけである。

去る一九七八年八月五日における「日本の戦争責任を問いつづけるアジアの証言——靖国への拒絶——」集会への参加が、私たち自身の証言の一つであったと言えよう。かつての侵略戦争における日本の兵士の被害者性についてはすでに知るところがあったが、同じ日本の兵士が隣国において、アジアの諸国においてどんなに加害者性を発揮したかを、私たちは被侵略国の民衆の生々しい証言を通してしらされたのである。

私たちにとって、今後なしうること、すべきことはおのずから明らかと言わねばならない。再び戦争の惨禍をくり返さないための、民族・宗教の枠を超えた遺族による新しい反戦平和の運動を展開することがその償いの道であり、この国の戦没者遺族にとってのユニークな運動ではあるまいか。

去る二月中旬に、私たちは台湾の七人のクリスチャン遺族の方々と交わりを持つ機会があったが、そのような小さな出会いも将来に対する一つの貴重な経験となった。この経験を生かし、今後アジアの視点を踏まえた運動を進めるべく願わざるを得ない。

8　戦没者遺族の心情

日本の政治が政党政治であるかぎり圧力団体との癒着は免れ難い。問題は、政党が党利党略のために圧力団体を利用したり、圧力団体自身が自己の目的を達成するために、ある政党と深いかかわりを持ち、健全な政治の発達を阻害するに至ることである。

今日の日本は、議会制民主主義に基づいて、民主政治を行うことを建前としているが、戦後民主主義の形骸化ないし空洞化の弊害が指摘されているとおり、形式的な多数決原理によって、しばしば、悪法と思われる法案が多数派政党によって強行審議の末可決されることがある。

慎重審議よりは多数派政党の政治結着が先行するわけである。そしてそのような背景に圧力団体の力が存在していることは周知の事実である。

靖国神社法案推進団体のナンバー・ワンと言われる日本遺族会が、自民党を突き上げ、靖国神社法案強行成立を願って、五度に及ぶ自民党議員による法案提出、そしてついに、衆院本会議可決、参院送付までの実績を作ったことは、圧力団体の実力をうかがうに足る事例であろう。

ここで私たちは、戦没者遺族の在り方を真剣に考えざるを得ない。そして同時に、真の戦没者遺族の在り方から考えて、今日の日本遺族会が特定の政党と癒着し、日本の前途に暗い影を投げるだけでなく、戦前・戦中の日本を指向する反動的な姿勢を取ることに批判の目を向けなければならない。真の戦没者遺族の心情は、日本遺族会の動きに与することを潔しとしないはずである。もちろん日本遺族会が平和を願っていることを否定はしない。しかし平和は願っていても実現し得ない。平和は造り出されるものである。

戦没者遺族として、平和を造り出す責任と使命を強く覚えていると共に、その実現の道を誤ってはならないことをも強調したい。

今後の戦いのために

私たちは、こうして、「戦没者遺族宣言」が、私たち自身の手になる宣言であることを改めて確認したい。しかし、私たちは、この「戦没者遺族宣言」が、文字の遊びであってはならないことを、誰よりも知らされているはずである。そしてさらに、この宣言の実践が、どんなに困難を伴うものであるかを、痛感させられている。まして、その結実が日々血みどろの戦いによらなければ実現不可能なものであることを知っている。

それほどに困難である道を、私たちはなぜ選ばなければならなかったのか、否、今日の厳しい状況の中で、なおその道をこそ歩み続けなければならないのはなぜかを、私たちは知っているのではないか。

戦没者遺族は、その負わされたユニークな課題をどこに、何に見出すべきであろうか。私たちはその負うべき責任と使命を、平和創造の達成にこそ見出したいと切に願うものである。平和を願う人々は多い。戦没者遺族も例外ではない。しかし、平和を願うだけで平和な社会が実現したことは歴史上かつて無いはずである。平和は創造されるべきものである。平和はまさに造り出されなければならない。その意味を、否、この国にあって、その歴史的意義を衷心から知っているもの、知らされている者こそ、戦没者遺族でなければならない。「平和をつくり出す人たちは、さいわいである」（マタイ5-9）との主イエス・キリストの御言葉にまさって普遍の真理を表白している言葉は無い。私たちはこの御言葉を固く信じ、かつ生きようと決意した者たちなのである。

（『遺族文集』③　一九七九）

靖国違憲訴訟についての確認と表明

靖国違憲訴訟原告団

わたしたちは遺族として、さきに靖国法案衆院強行採決に際し、それぞれの信仰と良心の自由を守り、また尊い血で贖われた現憲法の基本的人権の尊重、国民主権、絶対平和の三原則を守り抜くことが遺族としての使命であることを深く思い、万一法案が成立する事態に立ち到るならば、ただちに靖国違憲訴訟を提起する旨宣言し、原告団を組織しました。

その後靖国法案は、法案通過へのあらゆる策謀にもかかわらず、各野党・政治・公法学者の集り・各市民団体・労組・宗教団体等の幅広く根強い反対の中に阻止され続けてきました。しかし今年に入り、天皇・自衛隊・外国使節の公的参拝等を骨子とする表敬法案が提示され、さらに強引な世論操作を企図して衆議院内閣委員会において、自民党の強行採決による〝参考人意見陳述〟が全野党欠席のまま一方的に開かれるに到りました。これらの動きの先頭に立つ藤尾内閣委員長は、国の為に死ぬことのできる若者の育成を明瞭に説き、また、表敬法案は靖国法案を窮極の目標とすると確言しています。

このような状況の中で、毎年八月十五日に靖国神社へ天皇が公式に参拝することが企図されつつあることをきき、わたしたち靖国違憲訴訟原告団は、あらためて左記のことを確認しその意志を明確に表明することとしました。

記

「わたしたち靖国違憲訴訟原告団は、天皇が靖国神社に公式参拝した場合、その時点においても靖国違憲訴訟を提起します。」

理由

1　天皇の靖国神社公式参拝は、憲法に規定されている政教分離の原則を破ると共に、靖国神社、伊勢神宮等の国営化や靖国法案への実質的な足固めをし、ひいては憲法改悪への道を歩み出す重大な違憲行為であり、憲法擁護の一切の国民運動を無視するきわめて政治的な行為であるといわざるを得ません。

わたしたちは、慰霊・表敬の名をかりてなされるこの行為に、遺族だからこそ反対すべき責任を負います。なぜなら、わたしたちは戦死者の衷情と信仰とを受け継ぐ遺族だからであり、また、尊い血で贖われた現憲法の諸原則を守るべく信託されたものだからです。またわたしたちは、遺族だからこそ沈黙することはこの行為に暗黙の承諾を与えているとみなされる立場にあります。さらに、このことが、ほかならぬ、天皇の公的行為としてなされるという事柄の持つ重大な疑義が、もはやわたしたちに沈黙をゆるさないのです。以下に詳しくその理由を述べます。

2　靖国神社及国家神道が強制する「専制と隷従」の関係について。

靖国神社は、靖国神社誌や国定教科書にしるされているように、慰霊と忠死の勧奨を二大目的として国家神道における創建神社として創建されたものであり、それは天皇のみに統帥大権と祭祀大権を帰したことの必然の産物でした。当時、臣民たる義務を免れ難く負わされた国民の上には、神聖不可侵の絶対君主としての天皇が君臨し、他方、天照大神を最高至貴の神として神々の世界を統制しつつ特に現御神である天皇に随順奉仕したものを神として敬慕賛仰せしめる国家神道が新にうまれて天皇制を補完しました。靖国神社こそこの国家神道の権化であり、したがって天皇制に基づく国家主義教育の原点であり、しばしば他の信仰と良心に対するの踏絵ですらありました。

靖国神社は、現在わたしたち遺族がそれぞれの信仰と良心において霊璽簿抹消要求を行ったことに対し、「明治天皇の御意志」による「創建の由来と伝統」によってこれを拒否しています。それは、国民一人一人の信仰や良心の叫びも、天皇の権力と専制の前では臣民として隷属せしめられるほかになかった明治憲法と国家神道の本質を、今日の時点に於て鮮かに示している出来事といえます。

その靖国神社に天皇が公的に参拝することは、そのような靖国神社の在り方と、その根源にある天皇の意志と専制を公的に認めることです。それは、戦死者の血で贖われた国民主権の原理や不可侵の基本的人権に、天皇自らの行為が挑戦する重大な出来事です。「天皇乃大命《スメラミコトノオオミコト》」により心ならずも合祀されている者とその遺族が、再び天皇と国家神道・靖国神社に公的に隷属させられ、さらにそのことを通じて現憲法の根柢をつきくずす業に参加せしめられてゆくこと、そのことにわたしたちの信仰と良心は耐えられないのです。

３　天皇と国家神道・靖国神社との結びつきの本質的性格について。

国家機関としての天皇の行為の一つである儀式には、憲法の規定する通り、いかなる宗教も全く無関係であるべきであり、またそのもたらす政治的影響については充分考慮されなければなりません。

しかも天皇は他の公務員と異なり、国家神道に即して「天皇陛下は畏くも天照大神と御一体と拝し奉られており」、さらにそのことのゆえに「天皇乃大命」において戦死者を靖国の神々とした当事者であり、霊璽簿抹消をゆるさぬ権威の事実上の根源とされます。

したがって、天皇の公式参拝や表敬法案・靖国法案について、その無宗教性へのどのような糊塗策が講じられようと、そこには国家神道によるまつり以外にはあり得ませんし、天皇の権威を国家神道が必要としている以外に、公式参拝を求める真の目的はないのです。それとも政府は本当に靖国のまつりを非宗教化できるなどと思っているのでしょうか。それこそ著しい信仰の自由への挑戦であり、真の神道者が納得するはずのない暴挙となるでしょう。

わたしたちは信仰や良心に関することを、作為にみちた法の操作や解釈に委ねることを納得しません。そして本来これらの企図が、天皇制と国家神道との本質的に宗教的な結びつきに発していることと、それが現憲法の根幹と全く背馳していることを体験的に知悉しています。また特にこのことは、田中前首相等が「教育勅語」を教育の原点として恢復しようと努めた近来の動きと密接に関係のあることも知っています。

わたしたちの今確認したいことは、信仰・良心・思想・教育の根源を天皇にゆだねることを拒否する決意をわたしたちが持っていること、そしてわたしたちの内奥の「侵すべからざる」基本的人権としての自由の領域に、天皇とそれを利用する権力が踏みこんでくることにわたしたちが耐えられないことです。

4　天皇と靖国神社の結びつきの軍事的性格について。

安保条約に基づく日本の防衛義務の増大の要請や、「日本の防衛の為には原子爆弾の使用も辞さぬ」等の発言に歩調を合わせるように、若者の国を守る意識の高揚の必要性が次第に高く叫ばれ、歴史教育・道徳教育への干渉も年ごとにきびしくなっています。

このような中での天皇の靖国神社公式参拝が、自衛隊等の公式参拝に結びつき、やがて若者たちに「わたしも」と社頭に誓わせることへの重要な布石となることを遺族として憂えます。少なくとも天皇は、かつての大元帥であり、「天皇陛下の御為に」と人々を死地に赴かせたその歴史の事実の重みを明確に受けとめるべきですし、靖国神社もまた、天皇制国家における死への教育の原点だった事実に謙虚であるべきです。そして内閣は、天皇と靖国神社との結びつきに対し、平和憲法の下で慎重であらねばなりません。

これらの点からもわたしたちは、悲しみつつ死んだ戦死者の衷情を汲み、ひたすらに平和に資することを願う遺族としての思いから、天皇の公式参拝がなされた場合はその時点で天皇と靖国神社の戦争責任の告発と、公式参拝に対する内閣の責任を問いたいと思います。

5　天皇の政治的行為が改憲への一布石となることについて。

なお、この公式参拝が、表敬法案＝靖国法案へと続き、さらに改憲へと続く一連の政治的思惑の中の一布石であることは推進者たちの言動から明らかなことです。この重大な国政に関することが、本来「無責任」である天皇によってなされることは重大なことです。戦争に到る道の中で、天皇自身の意志があったことや又それが利用されてきたことについては既に多くの事実が明らかにされていますが、天皇と内閣は、公式参拝から生まれる将来の事態に対し、いかなる責任を負い得るというのでしょうか。
繰り返しますが、国民の信仰と良心の自由を侵害し、国民主権を否定し、平和憲法の根柢を危うくする重大な事柄に、かつての絶対君主・現人神・大元帥である天皇が「無責任」なる者として再登場すること、あるいは、それらのことの為に本来「無責任」なる天皇を利用しようとすること、そのことに内閣はいかなる責任をとろうというのでしょうか。わたしたちは遺族としてこれらのことを率直に問いたいと願います。

以上の理由に基づき、わたしたち遺族をもって結成した靖国違憲訴訟原告団は、天皇の靖国神社公式参拝がなされた時点においても、それぞれの信仰と良心の不可避の責任として、また現憲法を守るべく信託された者の当然の義務として、靖国違憲訴訟を提起することをここに確認しその意志を明確に表明します。
なお、すでにのべたように、この公式参拝が一連の政治的行動の布石である限り、従来の靖国法案に対する告発の一点一点も、またこの違憲訴訟のかかわる諸点であること、原告団は戦死した者とその遺族が共通の信仰・信条を有することが明確な者であることを申し添えます。

（『遺族文集』③　一九七九）

「天皇在位五十年記念式典」に対する抗議声明

本日、政府は国民に天皇在位五十年を祝うように呼びかけ、「記念式典」を開催しました。これに対し、わたしたちは、キリスト者遺族の立場から怒りをもって抗議します。明治憲法下における天皇は、大元帥陛下として軍を統率した最高責任者の地位にあり、数千万人の隣国人を殺し、またわたしたちのかけがえのない二五〇万に及ぶ肉親の命を奪いました。従って天皇はこの責任を免れることはできません。しかも戦後天皇は退位することなく、今日にいたっています。

ひるがえって七〇年代の状況は著しい戦前復帰の傾向を示しています。靖国神社の国家護持、伊勢神宮参拝時における剣璽動座の復活、英霊顕彰運動などは、その一、二の顕著な事例にすぎません。しかし、いずれも天皇を国の中心とする思想の復活を意図したものであり、天皇の神格化を助長・促進するものです。

このような動きが国内にあっては、現行憲法の理念に真っ向から挑戦するものであり、国外にあっては、かつての被侵略国民の存在を無視するものであることは明白です。このような状況下にあって「天皇在位五十年記念式典」を政府主催で開催したことは、平和をつくり出す責任のあるわたしたちキリスト者遺族の信仰と良心にとって、とうてい耐え得ないものです。

ここに右式典に強く反対します。

一九七六年十一月十日

キリスト者遺族の会

（『遺族文集』③　一九七九）

福田首相ら靖国神社参拝に反対する声明

去る四月二十一日、現内閣の首班である福田赳夫内閣総理大臣は三名の閣僚とともに靖国神社春季例大祭に参拝した。この参拝は明らかに公的性格を帯びていると見なさざるを得ない。

われわれは首相・閣僚らによる靖国神社「公式」参拝に対し、左の理由により反対し、厳重に抗議する。

【憲法秩序に対する侵害行為】

一、日本国憲法にあって「法律を誠実に執行すべき職権を持つ内閣」（第七十三条）、「この憲法を尊重し擁護する義務を負う」べき関係大臣（第九十九条）が現職のまま、特定の宗教法人である靖国神社に「公式」参拝することは、現憲法秩序に対する重大な侵害行為である。

二、「国及びその機関は、宗教教育その他いかなる宗教的活動もしてはならない」（第二十条三項）と明記されている国の宗教活動の禁止に対する公然たる挑戦である。

【国家の宗教に対する援助、助長】

三、宗教団体は「国から特権を受け、又は政治上の権力を行使してはならない」（第二十条一項）のであって、現首相・閣僚らの「公式」参拝が、特定の宗教法人靖国神社に対する国家の援助、助長に役立つことは明白である。

【政治的「参拝」の強行】
四、今回の首相・閣僚らによる「公式」参拝は「英霊にこたえる会」「日本遺族会」など靖国神社法案の成立を目標とする推進派を背景にしての政治的「参拝」であった。このような参拝行為を強行したことおよび靖国神社側の無批判な受入れ自体、国の内外にあって宗教と政治の正しい関わり、わが国の戦争および戦後責任が問われていることに対する真っ向からの挑戦である。

【天皇「公式」参拝実現をめざす行為】
五、国の代表機関による靖国神社「公式」参拝は、ただ福田首相・閣僚にとどまらず、神社神道の最高祭祀者としての天皇靖国神社「公式」参拝実現をめざしての行為であった。この厳しい現況にあって、キリストの主権の下、教会とこの世に仕え平和をつくり出すことを使命とするわれわれは、事柄の重要性に鑑み、総会の名において、福田内閣の政治責任を追及するとともに、天皇の「公式」参拝実現に拒否の姿勢を明らかにし、ここに厳重抗議するものである。

右声明する。

一九七八年五月五日

内閣総理大臣

福田赳夫殿

キリスト者遺族の会第一〇回総会

（『遺族文集』③　一九七九）

八月十五日の靖国

小川　武満（会員、初代実行委員長、牧師、医師）

八月十五日福田首相が靖国神社に参拝することになったので、もし公式参拝であるなら首相官邸に断食坐り込みの抗議をしようとキリスト者遺族の会の実行委員で協議していたところ、ＮＣＣ（日本基督教協議会）等の抗議に対して、私的参拝であるとの返答があったので、とにかく靖国神社に行き、実情に応じて、抗議行動をすることにした。

八月十五日午前七時からの千鳥ヶ淵戦没者墓苑の平和祈禱会に、「遺族として、福田首相の靖国神社参拝に反対」とゼッケンをつけて参加した後、今村弁護士を囲んでＮＣＣ関係者の皆さんと協議し、とにかく靖国神社境内でも抗議行動をすることになり、まず五人で調査することになった。森田、三瓶、長谷川牧師と遺族の会実行委員の井上、小川が、これに当った。靖国神社に近づくと、どの入口も、警官で固められ、互に連絡し合っていた。私たち五人は、別々に分れて行動して、一〇時頃には、大村益次郎の銅像の下に集まることにした。しかし、一歩境内に入ると制服、私服の警官と要人警護員（ＳＰ）がいたるところに目立ち、厳重をきわめた警戒である。私は、まず正面拝殿まで進み、しばらく黙想して、大鳥居のところまで引き返して来た。この大鳥居には「靖国神社公式参拝実現を」と書かれた、英霊にこたえる会の立看板が立っていた。戦友連合会の人々が、スピーカーで、天皇、首相の公式参拝を呼びかけ署名運動を行っていた。立ち止った私に、二人の私服警官が近づいてきて、公安関係のものですがと黒い警察手帳を示した。そして「あなたは、拝殿の前で、柏手を打たず、一般の参拝者とは態度が異っていたが、何か別の宗教を信じているのですか」と質問し、私の所持品を見せるように要求した。この二人は、境内に入ってからの私を尾行し、こまかく観察していたのだ。全く戦時中の特高の行動である。「なぜ、こんなことをするのか」との私の反問に「今日は特別の日ですから」と答えた。福田首相の私的参拝の日が、特別な日となって、基本的人権にまでも立入る警戒ぶりである。有事立法と憲法で保護された基本的人権が問題となっている時、ここ靖国神社の境内では、全く不法な取締りが行なわれている。軍隊の神社、戦時が生きている境内の空気である。その場を離れた私は、すぐに又別の私服警官につかまった。この警官は「どうして、あなたがたは、一緒にならないで別々の行動を取っているのか。みんなゼッケンをもっているのだろう。千鳥ヶ淵でも、ゼッケンをつけた男がいたと報告が入っている。参拝が終ったら、すぐに帰って下さい。問題を起されては困りますから」と境内を出て行くように要求した。「私は戦没者の遺族であり、この境内にいることは、私の自由だからこれに干渉することは、行きすぎではないか」と私も反論した。私たちは皆、何重にもマークされ、三木首相の参拝の時と比較にならぬ厳重警戒である。とても五人が集まって協議するどころではない。しばらく待合茶屋の椅子に腰を下していると、三瓶牧師も坐っていて「首相の参拝は一一時頃ですよ」とささやいた。私は、とにかく抗議行動を起そうと決意して、すでに縄張りがされて、警官が立ち並んでいる本殿参拝口に続く参道を進んだ。一一時五分、パトカーを先頭に四台の公用車が、目の前に近づいて来た。私は、その中央の車に向って、まっすぐにつき進もうとした。すぐに力強い腕が、私を抱き止めた。私は右手で、警官の腕を握って、引き離し、左手でワイシャツを開いて、ゼッケンが見えるようにして、一歩進み出た。十数名が、私を取りまき、おさえつけた。私は立ちあがりながら「表現の自由を妨害するな」と叫んだ。「何を云うか‼　こんな奴はつまみ出せ」「言葉でわからなければ、からだで知らせてやる」と右翼の怒声がひびいた。警官は、中に割り込み「生命があぶない。表現の自由なら、別な場所でしなさい」と云った。「私は、今ここで、抗議する表現の自由が欲しいのだ。生命の危険は恐れない。私の生命の危険よりも、私の表現の自由を守るべきではないか」と押問答した。その間に森田牧師は、新聞記者に私の名刺を渡し、抗議の理由を説明し、井上さんは、キリスト者遺族の会が、もう一〇年近く靖国法案に反対していること、私が個人としてでなく、遺族の会の実行委員長として抗議しているのだと説明し、「ヤスクニ違憲訴訟と今後の課題」とのパンフレットを、警官の一人に頒布した。

（機関紙「キリスト者遺族の会」33号　一九七八・九、『遺族文集』③　一九七九）

台湾（高砂族）遺族との三日間

南部　正人（会友）

肉親が靖国神社に合祀されていることを知った台湾の遺族が、合祀の取り下げを求めて日本に来る。その事を伺ったのは、たしか、一月だったように思います。二月十二日夜、２・11集会の興奮もまださめやらぬまま、石崎さんと私は、その台湾（高砂族）遺族の到着した城山町の小川先生のお宅へ車で急いでいました。八時半、七名の高砂族遺族の方と、私共キリスト者遺族の会の者数名は、まず自己紹介ついで、今回の来日の目的などを話し合いました。雲さん他四名が男性、二名が女性、未亡人の方たちでした。この方々の戦後は、私など戦争を知らない者には想像することすらできないほど悲惨な毎日です。一人一人の体験に、返す言葉もありませんでした。

翌二月十三日、遺族の方々は、国会に請願に行き、私たちが再び一堂に会したのは、夜一〇時でした。西川兄を交えて、午前零時まで、もう一回、彼等の請願、「肉親の霊を台湾に返却すること」、「遺族に充分な補償をすること」を確認し、私共キリスト者遺族の会の一〇年間に及ぶ霊璽簿抹消要求運動について説明しました。私にとって最も印象的だったのは、高砂族遺族の方々の天皇、そして靖国神社に対する気持ちの変化、あるいは動揺とでもいうべきものでした。「天皇に対して失礼なことを言ったら、あなた方（日本人）は、おこらないですか?」そう問われました。「いいえ、天皇の命によって祀る、と言われても私達は、キリスト者ゆえに拒否できるのではないですか」。何回も、私達はくり返しました。

二月十四日朝、高砂族遺族の方、同行の加藤さんと私は、いよいよ目指す靖国神社にむかいました。団長の雲さんをのぞいては、皆さんは、初めて、靖国神社を見ました。私とても、二度目です。この日、東京は、雨上りの曇り空で、午前一一時、遺族と靖国神社の調査部長との話し合いが始まりました。「肉親の霊をすみやかに台湾に返納してほしい。私達台湾人は、神道式ではお祀りしない。キリスト教では霊は、神様にお返しします。お祈りします」。会談は、二時間半に及びましたが、神社側は、遺族の願いを聞き入れようとはしませんでした。遺族の悲しみと願いを受け入れようとしない神社。その祀りごとが、遺族のためのものでないことは明らかです。遺族が悲しむような祀りごとをして、死んだ者の霊が喜ぶでしょうか。

午後二時、私達は、苦い思いをかみしめながら靖国神社を後にしました。厚生省援護局では、局長を囲んで、遺族の補償について、様々な角度から話し合われました。日本国家の倫理性、その非人間性が暴露された、というのが私の実感です。戦後の復興、それは、ただひたすら、おのが日本の復興でした。アジアの他国の事は全く眼中にはありませんでした。今回の台湾の遺族の方々は、その事の証人として、私達に鋭い責任の追求をしているのです。

夜、私達はくたびれはてて、中央線の電車に乗って家路をたどりました。一日の営みを終えた多くの働き人と共に。厚生省援護局長のおざなりの返事も、結局、私達一人一人が真実に目ざめない限り、真実な応答をなさせることはできないでしょう。

明くる十五日、早朝、六時。城山町の恵泉伝道所から朝霧にけむる山あいに鐘の音がこだましました。最も深い絶望のうちにあると思われた、その高砂族遺族の方々の願いによって早天祈禱会が守られたのです。真実の慰めを求めて、また、慰め主イエス・キリストに対する感謝と讃美をささげることができました。

未決の戦後責任。その事のために、全国の主にある会員、会友が自らの十字架を負って連帯して行くことができますように、祈りつつ筆を擱きます。

（機関紙「キリスト者遺族の会」35号　一九七九・四・二二、『遺族文集』③　一九七九）

「元号法」案に反対し、大平首相靖国神社参拝に抗議する声明

大平内閣は、去る二月二日に、天皇主権の回復を企図する一世一元制の「元号法」案を閣議決定し、即日国会提出をした。

また今年一九七九年一月四日における伊勢神宮参拝につづいて、四月二十一日には、アジアの諸国、とくに戦没者遺族の戦争の傷あとが完全には癒えていない状況の中で、かつての侵略戦争の指導者であったA級戦犯を遺族の意思を問うことなく合祀をしていたことがあかるみにされた直後であるにもかかわらず、首相自ら「内閣総理大臣　大平正芳」と記帳し、靖国神社の春季例大祭に正式参拝した。

いずれの場合もクリスチャンであることよりも、日本人としての立場を強調しての参拝であった。

右の事実は、国の内外の批判をいっさい無視し、この国の民主主義の崩壊につながることを意味しており、われらは大平内閣のかかる政治姿勢を深く憂えざるを得ない。とくに、われらはこの国の平和と正義の樹立を念願するキリスト者遺族として深い憂いと憤りをもって、大平内閣に猛省を促すとともに、強く抗議するものである。

一九七九年五月三日

キリスト者遺族の会総会
（『遺族文集』③　一九七九）

第２部［資料編］

遺族の会50年の記録

Ⅲ　平和遺族会全国連絡会を結成

六・三〇緊急集会決意表明

六・三〇緊急集会に際し、キリスト者遺族の会は、次の決意を表明します。

戦後最大の悪法である靖国神社法案が、国会に提出された一九六九年六月、今を去る満一五年前に、キリスト者遺族の会は、靖国神社法案成立の阻止、撤回をめざして発足しました。それ以来、私たちは、戦争は偉業ではないこと、同時に戦没者および戦没者遺族も被害者であると共に、アジアの民衆に対する加害者の責めを負うべきことを覚えつつ、努力してまいりました。

靖国神社国家護持を最終目標として、今日政府、自民党、推進派が一体となって、既成事実をつみ重ねて行く憂うべき政治状況下にあって、特に自民党は、その実質的先取りとしての靖国神社「公式」参拝合憲という理不尽極まる決定を強行し、更に政府自らも、中曾根首相の「私的懇談会」設置によって、同見解を実質的に公認しようとする危機的状況にあります。

私たちは、戦没者遺族の立場から、右見解の欺瞞性を粉砕すべく、決意を新たにするものであります。

ここに八月十五日に向かって、次の具体的行動を提起し、併せて長期にわたる戦いの課題を再確認しつつ、国の内外における同憂の人々と共に戦うことを呼びかけるものであります。

一　全斗煥来日の報道に接し、改めて天皇の戦争責任を追及し続けることを再確認する。
一　キリスト者遺族の原告団が靖国違憲訴訟提起の意思をもって最終準備中であること、およびキリスト者遺族の会として同訴訟に対し、全面支援の決意であることを確認する。
一　他宗教・他団体の協力のうちに戦没者の霊璽簿抹消要求をつづける。
一　靖国神社「公式」参拝に反対する超党派国会議員の会の結成実現のために努力する決意をもっている。
一　中曾根首相の「私的懇談会」を粉砕するために最善をつくす。
一　長期の計画としては、意見広告の掲載のために立案計画し、その実現を期する。

私たちは、これらの具体的行動実現のため全国の同志と共に、断食して祈り、為政者のためにとりなし、その越権行為に対しては、抗議し、抵抗し続ける決意のあることをここに表明いたします。

一九八四年六月三十日

キリスト者遺族の会

（『遺族文集』④　一九八九）

平和遺族会の連帯にあたって

小川　武満（会員、初代実行委員長、牧師、医師）

来る七月七日に待望の平和遺族会全国連絡会が結成されることは喜びにたえない。この時に三つの点を明確にしたいと思う。

第一はキリスト者遺族の会の原点に堅く立つことである。平和遺族会の結成によって、キリスト者遺族の会は、発展的に解消するのではないかとの問いがあった。しかし、決してそうではない。「本会の目的は、靖国神社国営化反対の運動を通じて、キリストの主権に仕えるために、教会とこの世において、キリスト者遺族としての良心をあかしするにある」と明記してあるとおり、キリストの主権に仕えるキリスト者遺族としての良心を失ってはならない。まことの王が、すべての人の僕となって下さったことを思い、キリストに在る従順をもって、徹底的に仕えることによってその独自性を明らかにすることである。「私たちキリスト者遺族の会として今日まで戦って来た証しの戦いをふまえた上で、その独自性を失うことなく、各地域で信仰、思想、被害経験の相違を超えて戦いの輪を拡げよう。

第二は、他の多くの平和遺族会の主体性を重んじ、深く謙虚に学ぶことである。特に真宗遺族会は「自らのうちなる「靖国信仰」を検証し、そこからの解放こそ真の信仰といえましょう。靖国への取り組みはまさしく真宗信仰の回復への営みであると確信します」と述べて、戦時中の真宗教団の戦争責任を自らにきびしく問うている。キリスト者遺族の会は会員の所属する教会の中で、どれほど深く広く信仰の検証として、自らの戦争責任を問い続けているであろうか。キリスト告白としての戦争拒否、英霊精神の継承拒否を、明白に聖書のみことばに立つ平和宣言として、表明することによって、この課題と真剣に取り組みたいと願っている。私は、神奈川平和遺族会の結成のため石崎さんの血のにじむような努力と祈りに深く教えられ、この会の研修会で九十歳の老婦人や満州事変の軍人としての体験者の告白等から多くを学んだ。更に北海道旭川での六月三日の集会では、旭川、滝川平和遺族会の皆さんを始め、政教分離の会の中心になって重荷を負い続けて来られた多くの方々との出会いを通して、同志としての親しさと力強いはげましを与えられた。また今も産みの苦しみを続けておられる沖縄平和遺族会の金城先生、日本遺族会青年部長だった大城さんの講演をテープで聴きながら、平和遺族の原点はここにあると深く教えられた。

第三に重要なのは、平和遺族会の国際的な連帯である。「アジア・太平洋地域の戦争犠牲者に思いを馳せ、心に刻む集会」「ふたたび靖国神社公式参拝を許さない八・八集会」は共にアジア侵略の加害者としての罪責を告白し慚愧する視点に立っている。戦没者遺族宣言第七項「わたくしたちは、戦没者が、アジアの隣国に対する日本の侵略戦争に参加し、多数の隣人を殺害した加害者であったことを忘れず、深い悲しみと悔恨の心をもって、再びこのようなことをくり返さないように、民族宗教の枠を超えた遺族による新しい運動を展開する決意を表明します」とあるように、日本の平和遺族会は、加害者の遺族として、アジアの遺族のゆるしを求め、罪責の告白に立った連帯を結ばなければならない。私は六月七日津久井集会で戦争体験の証言集会を行い、十日から十六日まで、北京、南京、上海の教会を訪れ、特に北京では平和のための祈禱会が計画されている。この与えられた機会に心から戦責を懺悔し連帯の祈りを献げたい。

（機関紙「キリスト者遺族の会」67号　一九八六・六・二七）

平和遺族会全国連絡会結成宣言

私たちは、愛する肉親をアジア・太平洋地域の戦場で失い、その悲しみを秘めて戦後を生きてきました。愛する肉親は再びなつかしい故郷に帰ってくることはなかったのです。帰ってきても、弱りはてた肉体は死を迎えることになりました。

しかし私たちは戦争の罪悪を痛感するにつれ、複雑な思いに包まれました。私たちの肉親を奪ったあの戦争は、アジアの国々の平和をおびやかし、民衆の生活を破壊し、二〇〇〇万を上回る生命を奪った侵略戦争だったのです。私たちは息子、夫、兄弟、父の死を「意義ある死」として、自分自身を慰めることもできなかったのです。

私たちは戦没者遺族であるからこそ、誰よりも強く平和を求めます。私たちはもう二度とアジアの人々を敵視し、平然と何の罪もない民衆を殺すようなことをしてはならないと思います。私たちは、戦争の悲劇を味わった者として、日本の政府が再び戦争の惨禍をもたらすことがないように最善の努力を払いたいと願います。そうすることが、私たちの肉親の悲しくも空しい不条理な死とアジアの人々の無念の死を無駄にせず、意義あるものとする唯一の道だからです。

第二次世界大戦が終結して今日まで、地球上に戦火が絶えることなく、そしてさらに近年、超大国の核軍拡が強まり、わが国でも軍拡の動きが高まってきました。そうした機運の中で、昨年八月十五日、中曾根首相と閣僚らによる戦後初の靖国神社集団「公式」参拝が強行されました。

去る侵略戦争の最大の責任は、近代天皇制国家において戦争を計画し、遂行した、天皇を頂点とする軍国主義の指導者にあります。その軍国主義の精神的な核が国家神道であり、侵略戦争遂行のために果たした、靖国神社の存在と役割の大きさについて、知らない者はありません。私たちの肉親も、「死ねば靖国の神になる」、「天皇のため、お国のため喜んで死ぬ」ことを教えられ、「出征」していったのです。

私たちは、靖国神社「公式」参拝を絶対に認めることはできません。たとえ政府が、国民や戦没者遺族にとって追悼の中心的施設であると、根拠のない宣伝をしても、私たちは靖国神社と国家とが特別な結びつきをすることがどんなに危険な結果をもたらすかを知るに至ったからです。

今こそ、私たちは靖国神社「公式」参拝に反対するとともに、私たち戦没者遺族こそ、侵略戦争と軍国主義を憎み、国境や人権の差をこえ、わけへだてなく、人々を愛し、平和を作り出す思いを強くもたねばならないと信じます。この平和をつくり出そうとする思いこそ私たちの心からなる願いであり、戦没者遺族の原点であると確信します。

しかるに、遺族の中には、本来願い、持つべきこの思いを忘れ、戦争を防ぎ、世界の永遠の平和を確立しようとした敗戦直後の決意にもとり、戦争賛美、「英霊」尊崇の方向へゆがめてゆく政治に利用されつつある状況が見られます。

私たちはこうした危険な方向に反対し、自覚を新たにして真の平和を創り出す原点に立ち、アジアの、そして世界の戦争犠牲者と手をつなぎ、力を合わせ、連帯します。そのために、平和を求めるすべての人々に支えられつつ、誠実に、不断の努力を払うべく、ここに平和遺族会全国連絡会を結成します。

平和遺族会全国連絡会

一九八六年七月七日

（平和遺族会全国連絡会『日本の市民から世界の人びとへ——戦争遺族の証言』梨の木舎　一九九九年）

平和こそ私たち遺族の願い――ルポ七・七集会

北川　裕明（会友、協力委員、神学生）

〝自民党圧勝・三〇四議席確保〟のニュースが飛びかう中、うつむきがちに私は会場となっている日仏会館へ向かった。お茶の水の改札口を出ると大きな声が飛び込んできた。顔を上げると宣伝カーの上から、平和遺族会全国連絡会結成のつどいへの参加を呼びかけていた。その周囲では若い人達が小雨降る中、ビラを配っていた。私はその様子に大変励ましを受けた。

会場の受付にはたった今出来上がったばかりというパンフが山積みされていた。パンフの印刷の事情一つを聞いても、制約された時間の中で準備に当たってこられた方々の、苦労を思わしめられた。

定刻六時半司会の三浦永光さんの開会挨拶で会が始まった。先ず、事務局長として具体的な準備を進めてこられた西川重則さんからの経過報告。結成に向けて連帯を確認した昨年の九・一七から本日に至るまで、一四回に亘る準備会を重ねて来たということである。続いて代表となった小川武満さんからの挨拶。遺族の相互扶助、恒久平和、全人類の福祉に貢献すべく発足した日本遺族運動の変質を指摘された。それに対し、本来遺族運動の原点である反戦平和に徹し、アジアへの侵略戦争の反省の上に、アジアと世界の平和に寄与して行くという平和遺族会全国連絡会の使命を表明された。

記念公演はわだつみ会の中村克郎さんが「戦争の拒否・軍備の廃絶」という題でされた。中村さんは、中国の開拓移民であった婦人の体験に則し、個人の内面から突き上げる様な仕方で、戦争の悲惨さを静かに語った。この婦人は戦後二〇年間、日本人であることを隠し通すために言語障害者の真似をしていたということであった。また、小説『ビルマの竪琴』のモデルとなった中村さんのお兄さんの最後の言葉――「今頃こんな様で殺されるならば、何故もっとあの時に命懸けで反対しなかったのか、もう遅い、今となっては転落する石だ！」――をしみじみと語り、平和を作り出していく決意を新たにされた。

続いて各平和遺族会からの挨拶が順次なされた。勇気を持っていち早く日本遺族会を脱退した経過を述べた旭川の山下秀雄さん。文通を通して賛同を得てきたという神奈川の石崎キクさん。保守的な教団の中にあって、地道に理解を訴え続けているという真宗遺族会の大分勇哲さん。北海道の厳しい自然の中で、遺族を掘り起こしながら輪を広げてきた滝川の谷内栄さん。キリスト者遺族の会からは、木郁健三さんが良きサマリア人の個所を引用し、加害者意識に立った平和運動の立場を述べた。最近平和遺族会として発足したばかりの岩手と東京からは、酒井宏子さん、嶋田祐広さんがそれぞれ今後の決意を語った。各遺族会共、終始心からの共鳴をもった温かい拍手に包まれての挨拶であった。会場にいた一人一人が全国連絡会の確かな絆を、はっきりと感じとることが出来た。

後半に入り、アジアの女たちの会、政教分離の会、「新生」新聞、ＮＣＣ（日本基督教協議会）靖国委、日本キリスト教会靖国委、などから激励の挨拶がなされた。挨拶の中でＮＣＣ靖国委の大島孝一さんは、主体性を相互に押し殺した大同団結に流される危険性ということに言及した。記念講演の中で、中村さんは、戦争を憎み悲しむことを共感できる人々のゆるやかではあるが、決して断ち切られることのない連帯という面を語った。この二つの面は今後の平和遺族会全国連絡会がしっかりと見極めて行かなければならない課題として提出されたように受け取れた。原水禁と原水協の分裂が報じられている今、私には一層重要な視点として響いてきた。

そのような連帯ということの重さを噛みしめて、結成宣言が朗読され、決議文採択が拍手をもって承認された。

最後に、菅原龍憲さんから、集まった二三八名の人々に対する感謝の意が述べられて九時二〇分に閉会となった。

（機関紙「キリスト者遺族の会」69号　一九八六・八・一）

平和遺族会の誕生

溝口　正（会員、実行委員）

太平洋戦争で愛する肉親を失った戦没者遺族（日本遺族会）は、ともすれば戦争の被害者として自らを位置づけ、愛する者の戦死を国家のための栄誉ある死として美化し、正当化することによって自らを慰めようとする。そのために戦没者を「英霊」と呼び、「神」として祀る靖国神社への政府の公式参拝を執拗に求める要請が、ここから出てくるものである。私の兄も戦死しているので、その心情はわからぬでもないが、あの太平洋戦争が何であったかの事実認識において、根本的な誤りがあるため、日本遺族会の要求や運動が全く的はずれとなっていることは、遺族の一人として痛恨の極みである。

過ぐる太平洋戦争は、日本軍国主義の起した侵略戦争であって、私たちの肉親は、アジア・太平洋地域において二千万を超える人々を殺し、何億という住民の生活を破壊した加害者（侵略者）の一人であったのである。したがって、日本の戦没者遺族は、肉親の死を悲しむ前に、まず日本軍によって殺された幾千万のアジア等の犠牲者と遺族に対して、心からの謝罪をなし哀悼の祈りを捧ぐべきである。しかる後に、肉親の死を悼み追悼することが許されるとしても、侵略者の一人として死んだ者を英霊とし、神として祀る理由は、ただの一滴もないのである。

この歴史的事実の上に立って、今日の日本遺族会の在り方を見るとき「英霊にこたえる会」や「日本を守る国民会議」などの皇国思想の亡霊にとりつかれた団体や保守政党などに利用されて、肉親を侵略戦争に駆り立てて死へ追い込んだ靖国神社（軍国主義のシンボル）の国家的復権を要求して、公式参拝や国家護持を政府や国会に請願し、軍備増強や国家秘密法、さらには憲法改悪を推進する圧力団体になるなど、ふたたび戦争を肯定し、戦死を美化する誤った方向へ、日本の進路をねじ曲げつつある現状は、戦没者たちの平和への悲願を踏みにじる遺族にあるまじき狂気の沙汰であると私は思う。

今こそ戦没者の霊が何を訴え、何を願っているか……その声なき絶叫に真剣に耳を傾けなければならない。それは彼らを無意味に死へと追いやった軍国主義・戦争・軍隊・戦争のための神社（靖国）、狂信的皇国思想の全面否定こそ、すべての戦没者の悲願でなければならないであろう。まことに不思議な摂理と言うほかはないが、日本国憲法の前文と第九条が「恒久平和、戦争放棄、戦力不保持、交戦権の否認」を明確に宣言し、戦争にかかわる一切を全面否定したこの決意こそ、すべての戦没者の声なき悲願の結晶であり、アジアへの謝罪の道であり、まさに彼らの「遺言」であると言わねばならない。この遺言を遺族はじめ日本国民が正しく守るとき、戦没者の死は無駄ではなくなり、彼らの霊は、安らかに永久の憩に入られるであろう。

このことに気づいた私たち浜松の遺族の有志は、戦没者の「遺言」（平和憲法）と正反対の行動をとる日本遺族会とは別に、「遺言」を忠実に守る遺族として、平和憲法を遵守し、軍国主義のシンボルである靖国神社の国家的復権に断固反対する立場を闡明にするため、結成したのである。私はこの平和遺族会が神の御旨にかなうものであることを確信し、呼掛人となった。六十歳を超えた私が神の召命に応じて立ち上った信仰的決断であった。神がこの会を正しく用いてくださり、神の栄光のため、世界の平和のために役立ててくださることを切に祈るものである。

（『遺族文集』④　一九八九）

国家神道の宗教思想──箕面市遺族会補助金違憲訴訟大阪地裁判決批判

三浦　永光（会員、実行委員）

はじめに

一九八八年十月十四日、大阪地裁で箕面市遺族会補助金違憲訴訟の判決が下された。この訴訟は忠魂碑訴訟および慰霊碑訴訟と並ぶ箕面違憲訴訟の一つである。原告の神坂玲子さん、古川佳子さんらは、箕面市が一九七六年に市の予算から市社会福祉協議会を通じて箕面市遺族会に交付したのは憲法二十条、八十九条の政教分離の原則、および地方自治法二三二条に違反するとして、当時の市長に対して損害賠償を求めた。論争の中心は、市遺族会が憲法にいう「宗教団体」、「宗教上の組織もしくは団体」に当たるかどうかという点であるが、これに関連して日本遺族会の宗教団体性、靖国神社の歴史と性格、また国家神道の歴史と戦後の状況などについても双方の主張がたたかわされた。判決は原告住民の主張を斥け、市遺族会（および日本遺族会）は宗教団体ではなく、補助金交付は合憲であるとするものであった。そこでこの小論においてその判決理由を検討したいと思う。

1　国家神道は消滅したか

まず判決が国家神道をどう見ているかを検討しよう。判決は国家神道を「制度的国家神道」と「実質的国家神道」に分け、前者は神社神道の祭祀を国家祭祀として公権力の下に再編成し管理した側面を、また後者は天皇の神聖絶対性を主軸とする宗教的・政治的な思想・観念を指すとする。判決によれば、国家は一方で明治維新において信教の自由を保障しながら、他方で神社神道を宗教ではなく祭祀だと説明することによって事実上国教化した。この国家祭祀を思想的に支えるのが「実質的国家神道」であり、これは、天皇が皇祖皇宗の霊と一体であることによって宗教的権威を帯び、この権威にもとづいて政治的権力を行使すると言う観念である。天皇が政治権力と精神的権威を一元的に保有するところでは国民の側に天皇から独立した権利や自由が認められる余地はない。また軍隊は皇軍であり、「戦争は聖戦であり、それを越える道義的基準は存在せず、そのような意識が日本軍の今次のような戦争での種々の暴虐行為につながっていた面のあることも否定できない」。判決がこのように日本の行った戦争の暴虐性と国家神道との本質的関連を指摘し、さらに「実質的国家神道は戦前の日本の超国家主義・軍国主義を支える精神的基盤ともなっていた」とのべ、国家神道と軍国主義との深い関係を明言していることは注目に値する。敗戦前の国家神道および天皇制に関する認識の点では、判決は原告住民の見解をほぼ全面的に受け入れているといえよう。

しかし、戦後の状況に関しては、判決は、治安維持法や宗教団体法の廃止、神道指令などによって制度的国家神道が解体したばかりでなく、実質的国家神道も天皇の「人間宣言」、国会による教育勅語失効決議、日本国憲法の制定などによって否定されたので、「一般的かつ大多数の国民意識としては、そのような天皇の神聖を基盤として、天皇がすべての価値体系の根源であるとの意識はもはや存在しなくなっている」という。はたしてそう言えるだろうか。たしかに日本国憲法の制定をはじめとする多くの変革によって、戦後の天皇制と神社神道が戦前と比べて変化し、国民の意識にも一定の変化があったことは事実であろう。しかしだからといって直ちに「宗教としての実質的国家神道は消滅した」と断言できるだろうか。「一般的かつ大多数の国民意識としては……もはや存在しなくなっている」といった漠然とした判断は、漠然としているがゆえにはっきり誤っていると反論しがたい。しかし判決がどのような根拠にもとづいてそのような判断に到達したのかは、明らかではない。そもそも一億人を超える国民の意識について一般的なことをのべるのは容易なことではなく、それに関わる多くの個別事例を通して経験的にアプローチするしかない筈である。実質的国家神道が一般的判断をまず先に独断的に下し、次にそれにもとづいて日本遺族会や市遺族会のような具体例に関して判断を下すと言うのは考え方の順序が転倒しているといわざるをえない。のちに見るように、判決はこのような認識論理上の誤り〔「論点先取の誤謬」〕を犯している。

国民の意識は変化する。敗戦直後の諸改革によって国民の意識がかなり変わったと同様に、さらにその後の四〇年ほどの歴史においても国民の意識はさまざまな方向に変化したし、現在も流動しつつあるとみなければならない。実質的国家神道〔宗教的・倫理的価値体系としての天皇制〕が敗戦後、国民の意識の中で弱まったとしても、その後の日本の経済大国化、エネルギー危機、諸外国との経済的、政治的関係の緊張、さらに自由世界第二位の軍事費をもつ軍事大国への成長などを通して再び強まってきていないかどうかは問うてしかるべきではなかろうか。このような問いをもたずに、「実質的国家神道は消滅した」と判断し、これを既定の固定した事実として前提してしまうと、本件のような個々の具体的な事件を柔軟なとらわれない眼で見ることができなくなるであろう。

2　「英霊」は宗教性を失ったか

判決は靖国神社の歴史と現在をどう見ているだろうか。判決は、靖国神社が「紛れもなく特定の宗教施設であった」ばかりでなく、「制度的国家神道の中で極めて重要な位置を占めていた」とのべる。また戦没者が靖国神社に神として祀られるゆえんは「大義の遂行たる聖戦で天皇に忠節を尽くして死んだという面が大きく、……このような靖国神社の祭祀の性格が国民に天皇への忠節が至上の美徳であるとの観念を植えつけ、実質的国家神道の普及、拡大に寄与するとともに戦場での死を美化することによって、戦争に向けての国民の意思を統合する機能、役割を果たし、ひいて軍国主義の拡大に寄与する面をもっていたことは否定できない」とのべている。

敗戦前の靖国神社に対するこのような見解は原告住民のそれと基本的に同じであろう。裁判所がここまで明確な認識を示したのは、さきに見た敗戦前の国家神道の認識と共に、高く評価してよいであろう。

しかし戦後については、判決は制度的国家神道の解体にともなって靖国神社が国の管轄を離れて宗教法人となったばかりでなく、戦没者の祭祀の意味も変化したと言う。「天皇の神聖が否定され、実質的国家神道も国民一般の意識からは消滅した今〔「消滅」が既定かつ不変の事実とされていることに注意——引用者注〕、いかに靖国神社が天皇によって創建され、またその創建の趣旨を今日に受け継いでいるとはいっても、戦没者が同神社に神として祀られるゆえんをもっぱら天皇の神性とそれに対する忠節で基礎づけようとすることはできない」。判決はこの個所で、現在の宗教思想の内容として、天皇の神性や天皇への忠節は含まれていない、またはこれらは取るに足りないものと考えている。しかしこれは事実に反している。宗教法人「靖国神社」規則第三条は「本法人は、明治天皇の宣らせ給うた「安国」の聖旨に基づき、国事に殉ぜられた人々を奉斎し……」とあり、天皇は靖国神社の創建者であるばかりでなく、戦没者を祀ることが天皇の神聖な意思にもとづくというのである。また戦後の戦没者の合祀も、判決も認めているとおり、「決定された合祀者名簿を天皇に差し上げ、上覧に供する」という形をとることによって、戦前と同じく「天皇による合祀」の原則を堅持しているのである。さらに靖国神社の春秋の例大祭にはかならず勅使が来て神前に幣物を献げ、祭神の冥福を祈る祭文を朗読するが、これも「みたまを慰める」行為（慰霊）の究極の主体が天皇であることを示している。以上の事実からも、現在もなお天皇の神性と天皇に対する忠節が靖国神社での合祀と慰霊の根拠であることは明らかである。判決は国民の意識における実質的国家神道の消滅をまず前提し、現在の靖国神社の宗教的性格をこの前提と調和できる範囲内のものへと薄めようとしているが、それは右に見たような靖国神社の現実から目をそらさなければできないことである。

判決は英霊の観念についてつぎのようにいう。「天皇の神性が消滅し、天皇に対する忠義、忠節を至上の美徳とする観念が一般的には失われた今、……英霊とは……かつてのような実質的国家神道と結びついた意味での宗教性は失われた」。しかし、右に見たように、靖国神社における戦没者（すなわち「英霊」）の合祀と慰霊は天皇の神聖な意思にもとづいて創始され、また現在もおこなわれているとすれば、今日の英霊の観念が実質的国家神道の内容を失ったなどとはいえない。また英霊の観念は、次節に見るように、靖国神社と深い関係にある日本遺族会の目的を為す中心的観念である。「英霊」の言葉の中にこそ実質的国家神道の宗教性が存続しているのである。

3　日本遺族会の宗教団体性について

判決は、日本遺族会が靖国神社の崇敬者団体であること、また同会が靖国神社の教義とこれに対する信仰を広めるなど宗教にかかわる活動を行っていることを裏付けるかに見える点として次の諸事実を挙げている。まず靖国神社規則第三条によれば、同神社が「本神社を信奉する祭神の遺族その他の崇敬者を教化育成」することを目的としている。したがって日本遺族会は靖国神社の崇敬者だと考えられる余地がある。事実、日本遺族会は発足当時から密接な人的つながりをもっている。

第二に、日本遺族会が靖国神社の国家護持や公式参拝運動をしてきた事実。しかも日本遺族会のこのような運動の「将来的な目標は、靖国神社の国営化あるいは公的な参拝の場とし、それについて全国民の合意、支持を得ることにある」。

第三に、日本遺族会の英霊顕彰事業の一つである同会主催の慰霊例大祭は靖国神社において、かつ靖国神社の祭式にしたがっておこなわれている。

第四に、日本遺族会のいう「英霊の顕彰」は、「戦没者の霊を神道の宗教法人たる靖国神社に神として祀り、あるいは祀るべきであるとする宗教思想を基盤とするもの」であり、したがって「日本遺族会の行う英霊顕彰事業は、本質的に靖国神社の祭祀およびその宗教思想と親和性を有し、結びつきやすい性向を有する」ということである。

判決が以上の四点を認める以上は、判決は原告住民の主張を支持して、日本遺族会が宗教団体であると結論するかに見える。

それればかりでなく、判決は次のようにも言う。「また靖国神社が、かつては制度的・実質的国家神道の中核的施設であり、軍国主義、超国家主義思想の拡大に寄与する役割を果たし、そのような国家神道に支えられた今次の大戦が、隣接のアジア諸国の人々に甚大な被害をもたらしたことはもとより、国内的にも、靖国神社に合祀されるような戦没者のみならず、原爆被害者や直接戦地となった沖縄の住民ら多数の戦争被害者・犠牲者を出したこと、また、直接の戦争犠牲者以外にもそのような体制下において、その思想・信条のゆえに思想的・宗教的弾圧を受け、死を余儀なくされた人々も決して少なくはないこと、これらの人々及びその遺族らにとって、国家神道を基盤として拡大していった超国家主義・軍国主義の忌まわしい思い出は容易に消え去るものではなく、それらの人々の中には、そのような体制と密接に結びついていた靖国神社に対し、前記のような〔戦没者たる肉親が靖国神社に祀られることを名誉と考えるような――引用者注〕戦没者遺族らとは全く相反する認識、感情を持つ人々もいることを考慮すれば、そのような人々にとっては、あたかも日本遺族会が、戦前のような靖国神社の国営施設としての地位の復権や国家神道の実質的復活を目指す一つの宗教団体であるかのような観を呈し、さらにそのような運動等を通じ、現実にも、再び同神社を中心として国家神道が復活し、軍国主義へと結びついていくのではないかとの懸念を抱くこともあながち無理からぬ面もあると考えられる」。

判決はここで、靖国神社が軍国主義の拡大に寄与した結果としてアジア諸国および国内に多くの被害と犠牲者とを生み出したこと、またその遺族や被害者たちが日本遺族会を靖国神社国家護持と国家神道の実質的復活を目指す宗教団体と見なすことに対して一定の理解を示しており、原告の立場にかなり近づいているように見える。

だが、判決はそこで一転して原告の主張を斥ける。

4　日本遺族会は靖国神社の崇敬者団体か

第一に、判決は日本遺族会の崇敬者団体であるか否かについてこういう。日本遺族会の会員が同神社を信奉するゆえんは、彼らが旧軍人、軍属の遺族であり、彼らの肉親たる戦没者が「戦前の国家神道体制下及び戦後の一括合祀あるいは個別合祀で……靖国神社に祭神として祀られた」という「歴史的経緯」にもとづくものであり、彼らは「みずから進んでその教義に対する信仰を求め、そこに慰霊の場を求めるに至ったものではない」。「実質的国家神道が消滅した今、右のような遺族らと靖国神社の結びつきもかつてのような強固さを失って」おり、遺族らは「その神社としての宗教的性格、その教義に対する信仰のゆえに同神社を信奉するというより、むしろ肉親に会いに行くという心情をもっている」にすぎず、「肉親が……そこに祀られており、それゆえにそこに参拝するという意識を超えて、靖国神社の教義を信じ、同神社の発展を積極的に願うという気持ちがどこまであるかは極めて疑問である」。したがって、日本遺族会が靖国神社の崇敬者団体であるとはいえない、と。

判決はここでまた実質的国家神道の「消滅」を既定の事実として前提している。しかし日本遺族会が旧軍人、軍属の遺族の団体であり、戦没した肉親が「戦前の国家神道体制下で靖国神社に祀られた」という「歴史的経緯」にもとづいて集まっているという側面があるならば、そのような性格の日本遺族会が存在すること自体、実質的国家神道の消滅に反する事実ではないだろうか。また「肉親が靖国神社に祀られており、それゆえにそこに参拝するという意識」「親しい肉親に会いに行くという心情」は、死者の霊が生きていること、また遠い戦地で戦死した肉親の霊が靖国神社に鎮まっていることを信じているからこそ生ずる心情なのであって、この心情はまぎれもなく特定の宗教信仰であり、誰もがそのように信じるという性質のものではない。そして意識と心情はまさに戦前の実質的国家神道の宗教観念が戦後の現在まで存続していることの証拠であり、実質的国家神道が消滅していないことを如実に物語っているのである。

「肉親がそこ〔靖国神社〕に祀られており、それゆえにそこに参拝するという意識」が右に指摘した通り、それ自体すでに宗教的信仰であるならば、その意識を「超えて、靖国神社の教義を信じ、同神社の発展を積極的に願うという気持ちがどこまであるか」などということまで問わなくても、日本遺族会の大多数の会員が靖国神社を宗教的に信奉する崇敬者団体であることはすでにじゅうぶん明白だといえる。原告側は、遺族が肉親の霊が「神として靖国神社に祀られていると信じ、それゆえに参拝するという意識」の中に、暗黙のうちにであれ、一定の宗教的教義が含まれていると主張しているのであって、大多数の遺族が「これが教義だ」と意識的に自覚しているとは主張していない。また「靖国神社の発展を積極的に願う気持ち」の存在が、日本遺族会の宗教団体性を立証するための必要条件であるかのような、判決の論調は説得性に乏しい。もしも靖国神社の教義を教義として意識的に信仰し、同神社の発展を積極的に願う気持ちの存在を靖国神社の崇敬者たることの条件とするならば、戦前においてさえもほとんど同神社の崇敬者がいなかったことになろう。

判決は靖国神社の崇敬者としての認定の条件をどこまで厳しく設定しようというのであろうか。判決は認定の必要条件を否定的にのべるのみで、必要条件を肯定的にのべてはいない。これではおよそ宗教団体はどこにも存在しないことになりかねないであろう。

5　靖国神社国家護持・公式参拝運動は宗教的活動か

第二に、判決は

日本遺族会が、靖国神社の国家護持あるいは公式参拝運動等を行っている趣旨が、戦前のような同神社の国営祭祀施設としての性格の復活あるいは同神社の宗教思想の国教化を目指すものとは解されず、要は、国家の要請により、国家のために身命を賭して戦地に赴き、国家に殉じて死亡した戦没者に対し、国として公的に慰霊する施設を設けないのは、そのような戦没者に対し、非礼であるという考えにもとづくものと思われるし、その場を靖国神社とすることについても、そのような戦没者が、戦地に出征するに際し、死んだら靖国神社で会おうということを合言葉のようにして赴いて行ったという歴史的経過や、戦没者遺族らの多数にとって、靖国神社は、今日もなお身近な慰霊の場と考えられていること、さらに、国としても前記のような合言葉のもとに、出征者を戦争に送り出しながら、しかも靖国神社自体は依然存続しているにもかかわらず、国家体制が変わったからといって、その約束を守らないのは、国家の死者に対する背信であるとの意識等に基づくものと考えられるのであって、事柄を客観的に見た場合、これらの活動が靖国神社自体の隆盛、発展を目指し、あるいは同神社の教義に対する信仰の普及、拡大を図る意図の下になされているとは認めがたいという。

しかし、ここでも靖国神社における戦没者の公的慰霊という戦前の国家神道体制下の「約束」を守らないのは「国家の死者に対する背信であるという意識」はまさに実質的国家神道の宗教思想が日本遺族会において生きていることの何よりの証拠である。戦没者の霊が今も生きており、靖国神社に鎮まっていること、靖国神社の祭祀を通して生者が死者の霊を慰めることができること、このことを信じてはじめて慰霊の「約束」が果たせるのであって、これは明白に特定の宗教的信仰にもとづく行為であるといわねばならない。さらに、日本遺族会が公的慰霊の場を靖国神社という宗教施設とすることに固執し、また判決も言及しているとおり、一九六六年に「戦没者等顕彰事業団（仮称）法案要綱」を靖国神社の宗教色を排除する趣旨のものだという理由で靖国神社側と共に「強い不満の声」を挙げて撤回させた事実も、日本遺族会の主要な活動が極めて強い宗教的性格をおびていることを裏付けている。したがって、判決が、日本遺族会が「戦前のような同神社の国営祭祀施設としての性格の復活……を目指すものとは解され」ないとのべているのは、同会の靖国神社国家護持および公式参拝の運動の実態を正確に把握していない者の言葉といわなければならない。

判決はまた、日本遺族会が靖国神社の「宗教思想の国教化を目指すものとは解されず」とか「靖国神社の隆盛、発展を目指し、あるいは同神社の教義に対する信仰の普及、拡大を図る意図」をもってはいないという。しかし原告側は、日本遺族会の目指す靖国神社の国家護持および公式参拝が靖国神社の祭祀を国家祭祀たらしめ、その祭祀に含まれる宗教思想を事実上国教化すると主張しているのであって、日本遺族会が靖国神社の宗教思想を明文化してこれが教義だと宣伝し普及拡大しようといるとはのべていない。また日本遺族会が目指している靖国神社の国家護持および公式参拝が結果的に靖国神社の隆盛と発展をもたらすのであって、日本遺族会が直接に靖国神社の隆盛と発展を意識的に目指していなくても、日本遺族会の立証には不都合ではないのである。

このように判決は、日本遺族会が「宗教思想の国教化を目指」してはいない、「靖国神社の国教化を目指」してはいない、「靖国神社の隆盛、発展を図る意図」を抱いてはいないとのべ、日本遺族会の直接的で意識的な目的に限定した判断しか示しておらず、信仰の普及と国教化、靖国神社の発展が間接的に、事実上、目的となっていないかどうかの判断は回避している。

判決は日本遺族会の靖国神社国家護持および公式参拝の運動の目的だけを、しかも不当に狭く理解した主観的目的だけを論じ、それらの運動の効果あるいは客観的、政治的な意味については全く検討していない。靖国神社の国家護持および公式参拝が靖国神社に対する信仰の普及、同神社の発展と国教化という効果を必然的にともなうのではないかという点の検討を怠ったまま、日本遺族会が宗教団体ではないという結論へ走るのは、重大な欠陥をはらんでいるといわねばならないであろう。

なお、靖国神社での公的慰霊は国家の死者に対する「約束」であるという意識に対して、判決が全く疑問を示していないのはふしぎである。戦没者を靖国神社に神として祀るということは、戦没者の生前の侵略と殺戮行為を「神徳」として「広め」「宣揚普及」し（「靖国神社社憲」一九五一年制定）、あるいは「遺徳」「偉業」として「たたえ」る（靖国神社法案）ことを意味し、したがって当然、日本が中国をはじめアジア諸国に対しておこなった戦争そのものを是認し神聖視することを意味する。日本国憲法の前文、第九条、第二十条、第八十九条などはそのような過去の歴史と考え方に対する決別の表明ではなかったか。判決が「国家体制が変わったからといって、その約束を守らないのは、国家の死者に対する背信であるとの意識」に引きずられ同調しているのは、戦後における国家神道の観念の事実上の存続と、規範としての日本国憲法の戦前との断絶とをはっきり区別していないからではないだろうか。このように判決は一方では国家神道の「消滅」を繰り返しのべながら、他方で実質的国家神道の存続と拡大を容認し、それによって制度的国家神道の復活をも事実上助長することになるのである。判決は、戦没者に対する政府としての責任と礼儀を表わす儀式をあえて靖国神社のような宗教施設、しかも判決が戦前の靖国神社に認めた「軍国主義」の性格を現在もなお強く維持している神社でおこなおうとする動きに対しては、憲法を守る司法の府として批判の姿勢を示すべきではなかったろうか。

6　「英霊の顕彰」は宗教的性格をもつか

第三に、判決は日本遺族会の英霊顕彰事業についてのべる。判決によれば、日本遺族会は「本来、英霊の顕彰事業自体を目的として設立された団体ではなく、現実の活動面も当初は、ほとんどもっぱらそのような事業〔遺族の処遇改善と福祉の向上〕のみであり」、「このような遺族の処遇改善、福祉の向上の事業は今日もなお日本遺族会の事業の目的とされているばかりでなく、現実にも英霊顕彰事業と並ぶ、日本遺族会の主要な事業となっている」。また「英霊顕彰事業の内容も靖国神社に関する部分が多いとはいえ、決してそれに尽きるものではなく、外地での戦跡巡拝や遺骨収集等の活動とそれへの協力、慰霊塔の建立の推進、戦没者の遺骨・遺品等の収集・保管、戦没者叙勲の完全実施、「戦没者慰霊の日」（のち「英霊の日」）等かならずしも靖国神社あるいはそれと系列を同じくする護国神社等に関係しない部分もそれに含まれているのであり、これを考え合わせれば、日本遺族会全体の事業の中で、これら護国神社等に関係して宗教的性格を帯びる活動の割合が必ずしも絶対的に高いといえないと考えられる」という。

しかしながら、日本遺族会の寄付行為に「英霊の顕彰・慰霊」の項目が欠けていたのは、同会の発足した一九五三年三月からのわずか八ヶ月間だけであり、同年十一月には寄付行為の改正によって、第二条に同会の目的として第一に「英霊の顕彰」が加えられ、第三条には事業として第一に「英霊の顕彰並びに慰霊」が「二、遺族の処遇向上に関する事業」よりも前におかれたことは、判決ものべているとおりであって、同会が「本来、英霊の顕彰事業自体を目的として設立された団体ではない」というのは誇張である。また同会が一九六〇年代前半から英霊の顕彰事業の比重を増し、現在も遺族の処遇改善、福祉の向上と並んで同会の主要な事業となっていることは、判決も認めるとおりである。判決は英霊の顕彰事業の内容は靖国神社に関することに尽きるものではないというが、しかし外地での戦跡巡拝など靖国神社に直接関わらない部分の割合も比重も英霊顕彰事業の中では相対的にきわめて低いものでしかない。それに比べれば、靖国神社の国家護持および公式参拝の運動、同会主催・共催の靖国神社での慰霊祭、「英霊にこたえる会」の中心的な加盟団体としての英霊顕彰事業、啓蒙宣伝活動などの事業の方が圧倒的に大きい比重を占めることは「日本遺族通信」を見れば明白である。判決は「日本遺族会の事業の中でこれら靖国神社等に関係して宗教的性格を帯びる活動の割合がかならずしも絶対的に高いとはいえない」とのべているが、同会が憲法にいう「宗教団体」であることを認めるための要件として、英霊顕彰・慰霊の事業が同会の第一の目的・事業であること、あるいは遺族処遇改善、福祉の向上と並んで主要な目的・事業であることが確認されればじゅうぶんであって、それの割合が「絶対的に高い」、すなわちほとんど唯一の目的、事業である必要は必ずしもないのである。

判決はまた、日本遺族会が「靖国神社をその〔戦没者の追悼行事の〕慰霊の場の中心に置いた」ことも、かつての制度的、実質的国家神道体制下で、死んだら靖国神社に神として祀られると信じて戦地に赴いた戦没者及び死を名誉の戦死とたたえられていた遺族の心情を想えば、客観的にみた事の当否はともかく、無理からぬところがあり、同会の英霊顕彰事業が「靖国神社の隆盛あるいはそれを通じての靖国神社の神社としての発展あるいはその信仰（宗教思想）の普及それ自体を目的としているとは認めがたい」という。

だが、判決の言う「遺族の心情」は、さきに見た「親しい肉親に会いに行くという心情」について指摘したとおり、まさに制度的・実質的国家神道の宗教思想の重要な部分であり、それが現在まで消滅せずに存続しているのである。国家神道の宗教思想としてのそのような「遺族の心情」は靖国神社という宗教施設と本質的に密接な関係にあるのであって、日本遺族会が靖国神社で慰霊祭をおこなうことは、客観的には、戦前の国家神道の宗教的価値体系と心情を維持し、復活させ、普及することを意味するのである。そのような「遺族の心情」と日本遺族会の英霊顕彰事業を「無理からぬ」こととして容認する判決は、右のことを認識していないといわざるをえない。

また判決は、日本遺族会が「その〔靖国神社の〕信仰（宗教思想）の普及それ自体を目的としているとは認めがたい」というが、日本遺族会が加盟しその事務局をも担当している「英霊にこたえる会」はその会則の第三条で事業として「一、英霊顕彰及び英霊にこたえる各種啓蒙宣伝活動」を最初にあげており、同会発行のパンフレットで「英霊」とは「靖国神社にまつられているみたまを指す」と説明し、つぎのように訴えている。

靖国神社のみたま安かれと祈る心を次代につたえて貰いたい。これは人間として当然の行為なのだ。二五〇万英霊に、まず二五〇万会員を獲得し、英霊にいかにこたえるかを考え、靖国のみたま安かれを祈ろう。

「英霊にこたえる」とは靖国神社のみたま、すなわち神霊にこたえることであり、まぎれもない宗教的行為である。「英霊にこたえる会」はみずからこの宗教的行為を靖国神社での慰霊祭などでおこなうばかりでなく、これについて人々に「啓蒙宣伝」し、「祈ろう」と呼びかけ、広く「会員を獲得」することを目指しているのである。そうだとすれば、この会の中心的加盟団体たる日本遺族会もまさに靖国神社の「信仰（宗教思想）の普及それ自体を目的としている」ということができるのである。

このような反証があるにもかかわらず、判決は先に見た理由から、日本遺族会が憲法二十条、八十九条にいう「宗教団体」「宗教上の組織もしくは団体」にはあたらないと結論し、箕面市遺族会も同じく宗教団体ではないというのである（市遺族会の宗教団体性に関する判決の見解を検討することは、本稿では省略する）。しかしこのような判決理由がいかに事実誤認や事実の誤った解釈にもとづいているかが、以上において明らかにされたと思う。

おわりに

筆者は日本遺族会（および市遺族会）は憲法にいう「宗教団体」にあたると考える。日本遺族会が宗教団体であると聞いて、いぶかる人もいるかもしれない。しかし宗教団体は必ずしも礼拝所や祭壇などの施設やプロの聖職者（神職など）を擁している必要はない（もっとも、日本遺族会は同会の経営する九段会館＊内に「護国神社」という神社をもち、靖国神社の神職の奉仕のもとで神道祭祀をおこなっている〈たとえば『日本遺族通信』四六六号、一九八九・一〇参照〉）。平信徒（崇敬者など）だけで団体を作り、宗教的活動をすれば、立派に宗教団体たりうるのである。また寺院や教会が幼稚園や駐車場を経営しても宗教団体であることには変わりはない。したがって、ある団体が宗教団体であるか否かを決めるのは、もっぱらその団体の目的と活動内容なのである。本稿において日本遺族会の目的と活動の実態を簡単に見たが、それだけでもこの団体がいかに国家神道的な宗教思想と価値体系をもち、またそれにもとづいて侵略戦争と戦没者を神聖視する宗教儀式と啓蒙宣伝活動をしているかが明らかになったと思う。

一九八九年四月、この箕面市遺族会補助金違憲訴訟の控訴審が大阪高裁で始まった。大阪高裁が一審判決にとらわれず、日本遺族会の国家神道的思想と活動の宗教性に対する洞察を判決に示すかどうか注目したいと思う。

（『遺族文集』④　一九八九）

＊九段会館は二〇一一年東日本大震災による事故後、一部保存の形で二〇二二年新ビルとなる。屋上にあった護国神社の神霊は、日本遺族会事務所に安置された。

キリスト者遺族の会　二十周年記念声明

1　**現状**　「昭和天皇」が死去し、改元とともに、新天皇が皇位を継承した。その後、「喪場殿の儀」と「大喪の礼」とが、同日、同じ流れの中で行なわれ、国の内外にさまざまな波紋を投じた。しかも、竹下内閣は、皇室祭祀最大の朝儀といわれる「大嘗祭」の国家行事化をめざし、着々とその準備を進めつつある。このことは、内閣の退陣によっても、基本的には変わらない。

現内閣は、さらに、新天皇には戦争責任はないと喧伝し、皇室外交の積極的展開を図っている。一方、本島長崎市長に見られるように、「天皇に戦争責任がある」と発言する人々に対し、「非国民」との非難攻撃が公然となされている。このような天皇の神格化、事実上の国家神道の復活が見られる今日の厳しい状況は、まさに、国の「基」(1)社会の「拠り所」(2)「世の秩序」(3)が根底から崩壊されつつある時と言わざるを得ない。

まことに、「世の秩序が覆っているのに主に従う人に何ができようか」(4)との誘いの声の聞こえる現状である。

2　**恩寵の歴史**　私たちは、主が許し給うた「キリスト者遺族の会」の発足を想起しつつ、歴史を導き給うた、全能にして、主権の神の奇しき摂理に対し、つきざる讃美と感謝の思いを表白せざるを得ない。

荒波にもまれる小舟に等しく、激風にさらされ、操縦する力もない私たちを、主は大いなる恩寵の御手によって、支え、守り、励まし、弱れるときは、不動の錨(5)をもって私たちを憩わせ、私たちの行く先に、確かな望みを抱かせ給うた。

私たちは、過ぎ去りし、二〇年の歩みを回顧し、その恵みのうちに、勝利の戦いをともに戦うことを許し給うた主に対し、新たなる讃美と感謝を表明する。

とくに、戦いの真中にあって、主は、私たちの「あやまちを知る」(6)恵みを与え給うただけでなく、再び「故意の罪を犯させず、これに支配されることのない」(7)悔い改めと祈禱の道を私たちに知らしめ給うたことを覚えて、深い感謝を捧げる。

弱さのゆえに、しばしばつまずく私たちに、「だれが自分のあやまちを知ることができましょうか。どうか、わたしを隠れたとがから解き放ってください。また、あなたのしもべを引き止めて、故意の罪を犯させず、これに支配されることのないようにしてください」(8)とのみ言葉をさとらしめ給え。

3　**課題**　私たちは、「悪しき者が勝ち誇って、レバノンの香柏のようにそびえたつのを」(9)、かつて「見た」(10)し、今も見ている。いな、これからも見るであろう。
「しかし、わたしが通り過ぎると、見よ、彼はいなかった」(11)との峻厳な神のさばきを知っている。それゆえに、私たちは、神のあわれみに依り頼み、その恵みに応える道を歩みつづける決意を新たにしたい。

私たちは、今天皇思想を機軸とする歴史と伝統の下に、「龍を拝み」(12)「獣を拝む」(13) 人々に取り囲まれている。否、私たち自身、サタンの「深み」(14) を知らず、しばしば「神々の思想」にとらわれていることに気づかない。私たちは、「深い淵から」(15) 主に呼ばわりつつ、天皇制の思想攻勢に抗う信仰と勇気を与えられるよう、切望する。

そして、「からだを殺しても、魂を殺すことのできない者どもを恐れるな」(16) とのみ声に、従うことを決意する。私たちが信ずるアブラハムの神は、私たちが、「主の道」(17) を守り、「正義と公道」(18) とを行なうために、私たちを選び給うた。そしてこの国にあって、「キリストの主権に仕えるために」(19)「教会とこの世において、キリスト者遺族としての良心をあかしする」(20) ことを命じ給う。

ここに、私たちは、二〇年の歩みのうちに歩むことを許し給うた主に讃美と感謝とを捧げるとともに、これから後も、主の道に従って歩むことを命じ給う主権の神を仰ぎ望みつつ、「神々に仕えず」(21)、「金の像を拝む」(22) ことを拒否し、唯一の生ける真の神に従い、アジアを始め、世界の人々に仕えることを決意する。

右声明する。

主の一九八九年四月二十九日

［注］

(1)『聖書』詩篇11－3
(2)『新改訳聖書』11－3
(3)『新共同訳聖書』11－3
(4)『新共同訳聖書』11－3
(5)『聖書』ヘブル人への手紙6－19
(6)『聖書』詩篇19－12
(7)『聖書』詩篇19－13
(8)『聖書』詩篇19－12
(9)『聖書』詩篇37－35
(10)『聖書』詩篇37－35
(11)『聖書』詩篇37－3
(12)『聖書』ヨハネ黙示録13－4
(13)『聖書』ヨハネ黙示録13－4
(14)『聖書』ヨハネ黙示録2－24
(15)『聖書』詩篇130－1
(16)『聖書』マタイによる福音書10－28
(17)『聖書』創世記18－19
(18)『聖書』創世記18－19
(19)「キリスト者遺族の会」規約
(20)「キリスト者遺族の会」規約
(21)『聖書』ダニエル書3－18
(22)『聖書』ダニエル書3－18

（『遺族文集』④　一九八九）

「キリスト者遺族の会　二十周年記念声明」について

西川　重則（会員、第二代実行委員長）

はじめに

キリスト者遺族の会が発足して、今年は二〇年になります。そこで、「二十周年記念総会」（一九八九年四月二十九日）において、「二十周年記念声明」を発表することを決意し、在京の実行委員会の指名によって、西川が起草することが委嘱されました。

そこで、「二十周年記念声明」の意義を銘記し、その準備に当たりました。私は、キリスト者遺族の会が発足を許された歴史的背景を重視し、次の三点に留意して、起草しました。第一は「現状」であり、第二は「恩寵の歴史」であり、第三は「課題」とすべきであるとし、その旨を報告し、了解されました。

より具体的には、「二十周年記念声明」の内容を始めから終りまで、聖書の御言葉によって、私たちの会の根本姿勢を表明することについて、委員諸氏の可否を求めました。幸い、起草者の願いは、討議の後、適えられました。その方法として、常日頃、熟読している聖書の中から、「二十周年記念声明」の「注」に見られるとおり、二〇項目の聖句を選択し、私たちの「声明」文を作成しました。

したがって、今回の「声明」文は、発足以来数多く出した「宣言」あるいは「声明」作成過程に於いて留意した点と、大きく異なるものとなりました。

ここで、私たちは、次の二つの点について、了解を得なければなりません。

まず、「キリスト者遺族の会」のメンバーは、会員と会友とから構成されていること、そして第二に、会友の中には、キリスト者でない方もおられること、したがって、「声明」作成に際して、今述べました二点を考慮すべきであったのではないかということであります。

この点については、「キリスト者遺族の会」の発足に際し、採択された「規約」の趣旨を再確認して考えていきたいと思います。

具体的には、「キリスト者遺族の会」に入会される会友は、キリスト者でない場合も、私たちの会の趣旨に賛同されて、その手続きをとられることが期待されているということであります。

したがって、キリスト者でない会友の方が、聖書について、キリスト者に求められる認識がなくても、会員であるキリスト者遺族の発言と実践とを通して、「キリスト者遺族の会」の特質を理解され、共鳴され、入会の希望を持たれるということです。そして会員と共に、今日的課題を共に担ってくださるということです。これは本当にすばらしいことです。いいかえれば、私たちの会の趣旨に賛同してくださることと、キリスト者でない会友の聖書のみ言葉の知識の有無とは直接関わりを持たないということです（この種の事柄を、キリスト者遺族がどう捉えるかは、私たちの会の存在理由とは別の問題でしょう）。

重要なのは、むしろ会員であるキリスト者遺族が、それぞれのおかれた場所で、まさにキリスト者遺族として、「いま、ここで」問われている発言と実践についてどれほど重い責任課題を持っているかを確認することです。そして、その責任課題を果たすために、「いま、ここで」、求められているのはキリスト者としての日々の新たな悔い改めと新しい服従であります。その確認が、神の御言葉の学びと祈禱から始まることを、キリスト者は徹底的に知らされていると確信しております。

とくに、平和遺族会全国連絡会が発足した今日、「キリスト者遺族の会」が、事実上の呼びかけ団体の役割を担った歴史的経緯を考えれば、発足後新しい諸問題を考えるにつけ、キリスト者が、日々主にあって新たな悔い改めと主に対する新しい服従の道を歩み続けつつ、主にならう和解と奉仕のわざに意を用いるべきことは、殊の外重要であると言わねばなりません。

私自身、そう決意し、「二十周年記念声明」の起草に、主のあわれみと導きを祈りに覚えつつ作成致しました（幸い、「総会」の席上、同趣旨の説明をし、出席者の賛同を得、二十周年記念声明は、「総会」採択となりました）。

なお、［注］に見られるように、翻訳聖書として、『聖書』、『新改訳聖書』、『新共同訳聖書』を併用しました。原典としてのヘブル語、ギリシャ語あるいは、近代語訳などは、個々の学習に際し、可能な範囲で自由に用いられ、該聖句の意味をそれぞれの方が深められることがあろうかと思っています。しかし、「声明」作成が当面の課題であるので、聖書釈義上の事柄は、これ以上は触れません。

以下、「現状」、「恩寵の歴史」、「課題」について、必要限度の解説をさせていただきます。

1　現状

「キリスト者遺族の会」が「二十周年記念声明」を発表した一九八九年四月二十九日は、「昭和天皇」が死去した八九年一月七日からそれほど月日が経過していない時でありました。竹下登氏が首相の時であり、同年一月八日に、「平成」と改元され、新天皇が即位しました。そして、二月二十四日、東京・新宿御苑で「喪場殿の儀」と「大喪の礼」とが、同日、同じ流れの中で行なわれ、国の内外に消しがたい汚点を残しました。

日本国憲法の中でも、国家と宗教の厳格な分離を規定している「政教分離」原則が、公然と蹂躪されただけでなく、国民主権の下における象徴天皇の行為ではなく、天皇の主権下における国民の地位と思われるような状況が見られました。その日東京から八王子に至るすべての場所で、市民の自由が奪われる、厳戒体制の下での「昭和天皇」葬送の一日でありました。

そうした現象は、二月二十四日の天皇の葬儀の日にとどまらず、「昭和天皇」が重体となり、マスコミ報道が異常な報道をくり返す、いわゆるXデー現象によって、誰にも感じられる〝天皇の季節〟となって現われるに至りました。

〝天皇の季節〟がどのような特徴を持っているかは、次のような事例を通して明らかにされました。たとえば、「昭和天皇」が死去した日、即日、「剣璽等承継の儀」が行なわれましたが、「剣璽等承継の儀」という古めかしい言葉そのものが、すでに私たちにはなじまないものでした。「剣璽」という言葉は、ポピュラーな用語でないことから、私が日常使用している国語辞典の項目にも見当たりません。

にもかかわらず、一月七日以降の新聞・テレビなどで、何の制限も設けず、そうした言葉が氾濫する始末でした。使用の理由は、それが、天皇家にかかわる皇室用語であるということ以外に何の根拠もありませんでした。

同様の事例が、一月九日に行なわれた「即位後朝見の儀」の場合にも見られました。この場合は、「朝見」という言葉がとくに問題の言葉として多くの人々から批判されました。ちなみに「剣璽」は、剣と璽（曲《ま》玉《たま》）のことですが、天皇家にとっては、三種の神器として受け継がれてきたのかも知れませんが、私たちには、何の関わりもありませんでした。また「朝見」という言葉の意味は、今日の私たちには、まさに驚くべき用語として、黙認できません。「朝見」とは、「天子にお目にかかること。天子に拝謁すること」（西尾実他編『岩波国語辞典』第三版）という意味ですから、国民主権の立場から、到底納得することができない行事が国の行事として行なわれたことになります。

こだわるようですが、こだわることが大切ですから、この際改めて「天子に拝謁する」とは、どういうことかを考えてみましょう。「天子」とは、「一国の帝王」のことであり、元来、「天に代って民を治める人」のことですから、私たちは、用語一つについても、十分注意すべきだと思います（西川重則「辞典を読む」『天皇の神社「靖国」』一〇頁参照）。

ここで、整理しますと、竹下内閣は、「剣璽等承継の儀」および「即位後朝見の儀」において、国の基本法である日本国憲法の根本精神を公然と蹂躙したということであります。前者において、三種の神器にかかわる特定の宗教用語を残した儀式を国の行事として行ない、後者においても、国民主権の憲法原則を無視する用語を残したまま代表が参列して、臣下の礼を行なったということであります。

なおここで報告しておくべきことは、「即位後朝見の儀」において、新天皇および竹下首相が、「昭和天皇」について、私たちの黙認し得ない「お言葉」および「奉答文」によって、「昭和天皇」の戦争責任、戦後責任を完全に時効にしたことであります。

新天皇の「お言葉」では、「ひたすら世界の平和と国民の幸福を祈念され、激動の時代にあって、常に国民とともに幾多の苦難を乗り越えられ……」と言われましたが、いかに、「深い悲しみのうちにあって」の「お言葉」とは言え、歴史上消し難い戦争の惨禍と、傷痕とを国の内外に残した最高の責任者であった「昭和天皇」であることに留意して、「お言葉」を作るべきではなかったでしょうか。

ともあれ、私たちは、戦後四四年の今日、天皇の代替わりの状況を直視するとき、以上の事例によっても、〝現状〟が、私たちにとっていかに厳しいものであるか知りうるでありましょう。

政府によって、「大喪の礼」の当日、同様の手法がくり返され、憲法原則が無視され、象徴天皇の権能を拡大強化する既成事実化を図りつつ、百億に近い国費を使用する一方、鳥居が二基も設置され、アジアから「侵略のシンボル」の再現として厳しく批判されたことは、今なお記憶に新しいところでしょう。ともあれ、そうした批判に耳を傾けることなく、「国葬に値しない」「昭和天皇」が栄光と讃美を受けるにふさわしい平和主義者であったかのように葬儀がなされたことを記録に留めておきたいと思います。

一方、〝天皇の季節〟は、思想・良心、表現の自由蹂躙の時代と言われてきました。本島等長崎市長が、一九八八年十二月七日、長崎市議会において、誰でもが認めている「天皇の戦争責任はあると思う」との発言を行なって右翼の銃撃を受けた事件が起こりました。それ以来今日まで、基本的人権は事実上奪われてきました。日本の社会は依然として私刑の社会であることがあらわになったと言うべきでしょう。信念と勇気をもって発言し、行動する日本人は、さまざまな方法によって、自由を奪われるのが、今日の状況であります。「日の丸」「君が代」の義務づけによって、良心的な現場の教師、あるいは執筆者がどんなに自由を拘束されるかも諸事例によって明らかにされつつあります。まさに、「国の基」・「社会の拠り所」・「世の秩序」が根底から崩壊していると言っても決して言い過ぎではありません。しかも、来年秋十一月に予定されている新天皇の「即位の礼」そして「大嘗祭」の問題が戦後最大の出来事として、私たちを試みようとしています。

「神」でない者を「神」とする精神風土に抗う主の民は、いかに歩むべきでしょうか。キリスト者遺族の会二十周年の年に当たり、真剣に願うことは、みことばによって自己を吟味する能力と主体的自由による信仰と勇気を与えられることであります。

2　恩寵の歴史

私は「キリスト者遺族の会　二十周年記念声明」の作成にあずかりながら、第二項目の冒頭に記してありますとおり、私たちの会の発足を許し給うた、その出来事が主の「恩寵の歴史」の始まりであったことを想起させられ、「歴史を導き給うた、全能にして、主権の神の奇しき摂理に対し、尽きざる賛美と感謝の思いを表白せざるを得ま」せんでした。

キリスト者遺族の会の発端は、一九六九年二月十九日の夜、日本基督教会・東京告白教会（渡辺信夫牧師・会友）の祈禱会の席上において、会の結成が急務であるとの話し合いによって、その前史としての歩みが始まりました。塩田明子姉（当時吉馴明子姉）が、会の誕生に歴史的かかわりを持っておられることを、ここに記しておきたいと思います。同時に、会友の渡辺信夫牧師が、会の発足前から、現在に至るまで、会の発展のために、深い関心となみなみならぬ熱情をもって、協力を惜しまれなかったことを、記しておきたいと思います。私たちは、会の発足に先だって、一九六九年三月十日、「遺族であるキリスト者の声明」が、公にされたこと、そして、その内容が、その後のキリスト者遺族の会の発足および会の基本的な方向性に与えた大きな影響を忘れてはならないでしょう。この「声明」の作成そのものが、まさに、会の前史として「歴史を導き給うた、全能にして、主権の神の奇しき摂理」のみわざであったことを、深い感謝の思いをもって、特筆しておきたいと思います。

さて、その五日前の三月五日、根本私案（靖国神社法案の草案）が発表されました。言うまでもなく、靖国神社法案上程必至の緊迫した状況でありました。「戦後最大の悪法」と私は思いました。

こうした、緊迫した靖国状況にあって、私たちは、正式に一九六一年六月十三日、第一回総会を開催し、会の規約を採択し、併せて、困難な諸問題についての今後の課題を討議しました。当時の状況がどのようなものであったかについて、私自身のレポートによって再現してみたいと思います。たとえば、次のとおりです。

「発会式（一九六九年四月十八日）において、遺族の法的規定、会の性格、他の団体との協力関係、運動として他地区のキリスト者遺族の会との組織の拡大をめざしての在り方、学習の必要などについては討議済みであったが、現実にはすでに厚い壁があらゆる方面にあることを、われわれは身をもって感じ取っていた。

キリスト者遺族の会に対して、右翼の挑戦があったのも、運動の厳しさを知らされた一齣であった。不敬言動調査会が網の目のように、われわれの発言と行動を監視していることを知った時、わたしは、現行憲法の下にあって、実質的には、私刑の世界と言うべきわが国の社会の暗黒面を如実に知って慄然とした」（「キリスト者遺族の会の総括と展望」『福音と世界』一九七〇年三月号〈初出〉『靖国法案の五年』二五五頁）。

一九六九年の発足に伴って、私たちは、その責任の重大さに驚きながら、なすべき課題を一つ一つ実践を通して教えられました。八月十五日と二十七日の二回にわたって、靖国神社当局を訪問しました。「霊璽簿抹消要求」という困難な運動、違憲訴訟の基本的問題をめぐる学習、日本遺族会への公開質問状送付、内閣、宮内庁に「違憲訴訟の確認と表明」を携え、趣旨説明に行くとか、首相・閣僚の参拝に対する抗議行動など、他団体との協力の下での運動も徐々に深まりを見せるようになりました。避けられない憲法問題の学習には、高柳信一・今村嗣夫・小池健治・松浦基之の各氏のご指導があったことを、感謝したいと思います。

この二〇年間にあって、最も鮮明な印象を留めているいくつかの出来事がありますが、列記すれば、次のとおりです。

ＮＥＴ・ＴＶでの日本遺族会の人々との話し合い（一九七一年二月十六日）で、現職の参院議員板垣正氏らと直接、熱っぽく対論したこと（「それでも日本人か」『靖国法案の五年』二六九頁参照）、「津久井集会」（一九七三年四月二十一日）で、戦没者遺族同士が、政治・信条・立場をこえて、真情を吐露して話し合ったこと（「靖国問題、建前と現実の間」『毎日新聞』一九七三年十二月四日夕刊、小川武満「津久井集会の課題と成果」『平和を願う遺族の叫び』一二六頁以下、児玉隆也「遺族の村」『この三十年の日本人』一九六頁以下）、そして、とくに、「戦没者遺族宣言」（一九七五年八月十五日）において、私たちの会の根本命題にかかわる姿勢の確認をなしたこと、その路線の継承として、「アジアの証言――靖国への拒絶――集会」（一九七八年八月五日）への参加となって具体化したことも報告に値しよう。

その後、十周年記念講演の集い（一九七九年五月三日）において、渡辺清（故人）および西原若菜の両氏を招いて、「平和非戦の誓い」、「反戦の思いを新たに」と題しての貴重な体験をお聞きする機会を持ち、私たちの運動の質と方向性に新しい示唆を与えられました。すでに、一九七四年十一月、私たちは仁木悦子氏（かがり火の会代表）らと懇談会を開催し、戦争の悲劇を忘れず、反戦平和のために労苦されている「妹たち」の平和への地味な戦いのさまを学ぶ機会を持ったことがありました。同じ志を持って愛する肉親の死を悼みつつ、「女の論理を押し進めて、この反戦の気持を子供たちにも伝えて行く、この決心が、地球を戦争から救うただ一つの道ではないか」と力強く訴えられた西原若菜氏の結びの言葉を心に刻んだものでした（『遺族文集』③　一九七九　九一頁）。

一九七九年二月、台湾の遺族の方々が来日され、親しく懇談の時を持ち、元皇軍兵士として、戦後も遺族と何ら連絡なしに、靖国神社が合祀している現状をも知らされ、旧植民地時代の差別と屈辱とを強いている日本の変わらぬ侵略思想を徹底的に教えられたことも、今なお深く心に刻まれております。

こうした小さな一つ一つの出来事の積み重ねを通して、私たちは「荒波にもまれる小舟に等しく、激風にさらされ、操縦する力もない私たちを、主は大いなる恩寵の御手によって、支え、守り、励まし……確かな望みを抱かせ給うた」のでした。

そして、「主は、私たちの「あやまちを知る」恵みを与え給うただけでなく……悔い改めと祈禱の道を私たちに知らしめ給うた」のでした。この事実にまさる「恩寵の歴史」はなかったと、私は確信しております。この自覚が、新しい課題を生み出し、それに取り組む信仰と勇気とを主から与えられるように願わずにおられません。

3　課題

私たちは、戦後四四年の今日、どのような状況に立っているのでしょうか。そして、どんな方向に、日本は行きつつあるのでしょうか。

この事実を、私は、「記念声明」の第三番目に、「課題」として、次のように表明しました。

「私たちは、今天皇思想を機軸とする歴史と伝統の下に、「龍を拝み」「獣を拝む」人々に取り囲まれている。否、私たち自身、サタンの「深み」を知らず、しばしば「神々の思想」にとらわれていることに気づかない。私たちは、「深い淵から」主に呼ばわりつつ、天皇制の思想攻勢に抗う信仰と勇気を与えられるよう、切望する」と。

ここで、「天皇思想を機軸とする歴史と伝統」という言葉が出てきますが、これは、日本の近代国家形成過程にあって、伊藤博文が「我国ニ在テ機軸トスヘキハ、独リ皇室アルノミ」と発言し、その特質を活写したとされる「帝国憲法草案」審議の最初の所信表明（一八八八年六月）に見られる言葉を思い起こしつつ、記したものです。

この「ヨーロッパ文化千年にわたる「機軸」をなして来たキリスト教の精神的代用品をも兼ねるという巨大な使命が託された」（丸山真男『日本の思想』三〇頁）「機軸」の結果が、どのような歴史であったかは、その後の日本の歩みによって知られるとおりであります。「非宗教的宗教」が、どのような「魔術的な力」を行使し得たかは、戦後の今日に至ってもなお大きな影響を及ぼしていることによっても、その問題の深刻さを指摘することができましょう（『同書』三一頁以下参照）。

私たちは、今ここで、「皇室」の「機軸」が、「キリスト教の精神的代用品」として設定されたことを重視したいと思います。そして設定の背景に、権力が存在し、有効な教育制度が機能するとき、一般民衆は容易に、その「魔術的な力」に屈服させられるという歴史的教訓を銘記しなければなりません。

近代国家形成過程にあって、「天皇を神の座に据えることによって明治政府の基礎を下から固めようとした」岩倉具視（一八二五〜八三）は、「祭政一致の宣伝」に執念を燃やし、そして、「天皇を現人神に仕上げること」に、成功しました。そして、天皇の神格化の必要のために、不敬罪が設けられ、軍人勅諭が不可欠の要件となりました。大日本帝国憲法が、天皇を神聖不可侵の君主として設定しただけでは、天皇の神格化は維持できないことを知りつくしていた為政者たちは、天皇制教育を重視し、徹底した天皇の軍制を確立し、その精神的支柱としての靖国神社を創建しました。

岩倉具視の精神を継承し、「山県（有朋）の日本陸軍の軍制確立に傾けた情熱は超人的といってよいほどのものがあった」と記され、「天皇を〈大元帥〉という超越的象徴の地位に神格化することで、軍隊秩序の根源である〈絶対服従〉という縦の理論づけを可能にさせた」とされる山県有朋は、まさに、近代日本国家の象徴を設計した人物であると言うべきでありましょう（松本清張『象徴の設計』参照）。

私たちは、一八六八年以降の日本の歴史を、戦没者遺族の立場から、とくに、キリスト者遺族の立場から、学び、問い直すことによって、「天皇思想を機軸とする歴史と伝統」が形成された実像を批判的に検証する必要がありましょう。「神」でない人間を「神」にする作業が、今日、〝天皇の季節〟にあって、その社会的風潮を増幅しつつあります。「サタンの「深み」」を知らないとき、私たちは、「神々の思想」にとらわれます。神ならぬ者を神とし、神々の思想の虜となったとき、日本民族中心思想が当然視され、その行きつくところは、アジアの国々、民衆への侵略行為となったことは、私たちにとって、決して忘れてはならない民族的痛苦であります。大東亜共栄圏構想の歴史的経緯の中で、「日本が決定的に「南進」政策に踏み切ったのは……第二次近衛内閣が成立した直後」、すなわち、一九四〇年七月二十二日の直後のことでありました（矢野暢『「南進」の系譜』一五五頁）。

その年、「皇紀二千六百年」は、アジア侵略の歴史の中でも忘れることのできない出来事がいくつも発生した年でありました。その年の、閣議で、基本国策要綱を決定し、その中に「八紘一宇」とか「皇国」の言葉が掲げられましたし（七月二十六日）、その翌日、「武力行使を含む南進政策」が、大本営政府連絡会議で決定されました（『朝日年鑑別巻一九八二』一七頁）。

一九四〇年に、アジア侵略の国策として、閣議決定を見た「八紘一宇」「皇国」史観が、その後の日本人にどんな深刻な影響、波紋を投じたかは、『父上さま母上さま　桜を恋うる英霊の声』の書物に如実に反映しています。戦没者遺族である私たち、キリスト者遺族の会に所属する人々にとって反面教師として参考にすることを許していただければ、たとえば、その中に収録されている「遺書」の中に、「皇国」「忠節」「醜《しこ》の御楯《みたて》」「神国」「天皇護持の大義」「英米撃滅」などの言葉がどんなに数多く用いられているか、今更のように、天皇制教育の浸透、徹底さに気づかされます。「天皇制思想の攻勢に抗う信仰と勇気を与えられるよう、切望する」と、「声明」に書きましたのは、今なお、戦前、戦中の天皇制国家、国家神道体制から自由になっていない現状を憂えるからであります。前記の書物を批判的に読むことによって、克服すべき多くの点のあることがわかりましょう。

終わりに

それでは、私たちの会が「主の道に従って歩む」ために、私たちは、どうあるべきでしょうか。その点についても、「声明」の最後に記しましたように、「唯一の生ける真の神に従い、アジアを始め、世界の人々に仕える」決意をもって、その具体化のために、最善をつくすことにあると確信します。私たちの国はかつて隣人、他国の民衆に仕えた経験がないという歴史的事実を、真剣に考えたいと思います。私たちの最大の課題の一つではないでしょうか。

ここで、私は、次の言葉、すなわち、「「他の民族を圧迫する民族は、自らも自由であることはできない」（易顕石他『九・一八事変史』四九八頁）、これが今回私の学んだ最大の教訓でした」（『天皇の神社「靖国」』一八三頁）という一文を再録したいと思います。私にとって、最大の教訓の一つは、アジアの国々、民衆の基本的人権を奪った日本民族は、自らも自由たり得なかった、という歴史的事実そのものでありました。

「神」でない天皇を「神」と信じるような教育を強制した大日本帝国はひとたびは滅びたのであります。それが、アジアの民族を圧迫した日本民族への生ける神の峻厳な審判でありました。現在〝天皇の季節〟であることは、私たちが再び「他の民族を圧迫」する道を歩みつつあることを意味することに気づかねばなりません。キリスト者遺族の会が、祈りの課題としている「祈ることと正義を行なうこと」の真価が問われているのは、まさに今、ここであると信じます。

（『遺族文集』④　一九八九）

44回目の8・15に思う

森野　善右衛門（会友、神学者・牧師）

今年も44回目の敗戦記念日を迎えた。

44年前の、この日の正午に長野県の昭和電工大町工場に勤労動員中であった私は、そこで日本の敗戦を告げる天皇の「玉音放送」を聞いた。初めて聞くカン高い抑揚を持った天皇の声、一瞬の静まり返った夏の昼下がりの光景が、今も昨日のことのようにありありと思い起こされる。

その後日本は、国内的には平和を保ち、経済を復興、成長させ、今日の繁栄を導くことができた。しかしそれは、政府が宣伝しているように日米安保条約があったためでも、自民党の政治が良かったからでもなく、先見性を持った日本国憲法の存在に負うところが大きく、特にその「第九条」によって「軍事費」が比較的に低く抑えられて来たことによる。

しかし今や、防衛費（軍事費）のGNP1％枠は、中曾根内閣によって突破され、三木内閣以来の「非核三原則」も有名無実なものとなっていることは、誰の目にも明らかである。このような傾向は、軍縮の流れに向かう世界の大勢に逆行するものであり、またもやかつての誤ちをくり返す道を辿ることになることを深く憂うるものである。

「敗戦」を「終戦」と言い換えるのは「言葉のアヤ」で、「一億総懺悔」と共に、戦争責任をあいまいにするごまかしである。

今年の８・15の政府主催の「全国戦没者追悼式」で海部首相は、「大戦から学びとった教訓を深く心に刻み」と述べた。その言葉やよし、しかしそのことが具体的に何を意味しているのか（何を学びとったのか）は明確ではない。

明仁天皇の「おことば」は「苦難にみちた往時をしのび……戦陣に散り、戦禍に倒れた人々に対し、心から追悼の意を表します」にも、日本人の犠牲者のことだけが頭にあって「天皇の名」による戦争でアジアの人々に与えた二千万人を超える犠牲の責任については一言も述べられていない（例年同様）。

戦争の苦難と悲惨をくり返し語るだけでは、戦争を防ぎ平和をつくり出すことはできない。「昭和」の「十五年戦争」で日本人がアジアの人々に対して与えた加害の歴史の認識とその罪責の告白をこそ、８・15にすべての日本人がとりわけ為政者は「心に刻む」べきではなかろうか。

そこで二つのことを提唱したい。「非核三原則」を法制化して、文字通り平和日本の「国是」とすること、もう一つは、国民の代表である衆参両院で「十五年戦争」に対する日本の加害者としての「謝罪決議」を国会決議としてアジアの諸国（民）に対して表明すること。そのことによって初めて日本の「戦後」は終わり、新しい歴史の第一歩が踏み出されることを確信する。

（『遺族文集』④　一九八九）

これは主の神殿だ

湯川　貞子（会員）

エレミヤはいいます「あなたがたは、「これは主の神殿だ、主の神殿だ、主の神殿だ」という偽りの言葉を頼みとしてはならない」（エレミヤ書7-4）。

この予言は今日の日本に対する警告の言葉でもあると思います。戦争中、天皇を神としていた私達も、教会も又多くの罪を犯しました。政府の権力に屈し「キリストの主権」を明け渡しました。少数のホーリネス系の人々は「イエス・キリストは唯一の神である」と告白し獄死しました。侵略した国々に対して「神社は宗教にあらず」と云って、神社参拝を強要させた事を忘れてはなりません。長い間に亘り朝鮮・中国へ土足で踏み入り植民地としました。それにより日本は近代的発展の基を造りました。朝鮮に対しては植民地政策にキリスト教界も又、伝道と云う名のもとで政府から援助金を受けて協力しました。近代の日本の歴史を学べば学ぶ程、それは日本の罪悪史でもあります。中国に於ては奪い、殺し、焼くの「三光作戦」を行い、民衆をも巻き込んだ人類史上最も惨絶の極みの限りを尽くしました。東南アジアに於ても特にマレーシア、フィリピンでも「三光作戦」を行い、今でも日本人を悪魔と思っております。アジアに於て二千万人の人々を殺しても日本は侵略を進出と云って、中国、韓国、シンガポールから抗議を受けました。

昭和天皇は死に際しても戦争責任に対して一言の謝罪を致しませんでした。それ許りか葬儀には百億もの税金を使い、私達の誇りである民主憲法を踏みにじり、政教分離原則を破りました。私達は今、世界有数の経済繁栄の豊かさの中で生活しております。東南アジアの国々からの資源を土台として、富を築きました。資源許りでなくアジアの人達の人権をも犯しております。これらの国々の人々は、日本侵略のことを決して忘れておりません。彼等は若い人達に教科書その他で語り伝えています。私達はこの事実を忘れずに次の世代に、ハッキリと日本の侵略と犯した多くの罪を伝えてゆく責任があると思います。「彼らは、手軽にわたしの民の傷をいやし、平安がないのに「平安、平安」といっている」（エレミヤ書2-14）。

（『遺族文集』④　一九八九）

第２部［資料編］

遺族の会50年の記録

Ⅳ　戦争の無い世界を目指して

「石の叫び」を平和のいしずえに

石崎　キク（会員）

靖国神社法案が初めて国会に上程されたあの一九六九年に結成されたこの会の三〇年の歩みと、実行委員長はじめ実務委員の方々の地道な、たゆみないお働きによる活動の数々が、今日の集会のチラシの紙面いっぱいに描かれた年輪に刻まれていることを、感慨深く思わせられます。この年輪の中で育てられ、教えられ、力を与えられ、同じ遺族でありながら、日本遺族会の方たちとは違った歩みへと導かれた私の原点をふりかえり、話させていただきます。

三〇年前の三月に、「入会のおすすめ」をいただきましたが、その中に「遺族であるキリスト者の声明」が同封されていました。当時の私は、戦争を問い直す姿勢を持たず、国会に上程されようとしている靖国法案がどのような内容なのかも全く知りませんでした。そのような時に送られてきたこの声明文を読みながら、「国家が戦没者をまつることは、私たちの願いではありません。私たちの愛する肉親は、ただの弱い人間として戦争に駆り出されて行って、そこで苦しみのうちに死んだのであり、決して遺徳を称えられる英霊ではありません」という文章に心を魅かれました。小学生の時以来、戦死や戦死者に関して散華、玉砕、英霊、護国の神等の称賛の言葉を聞き慣れていた私には、「愛する肉親は、ただの弱い人間として」という表現に、何かホッとする静かな安らぎを感じました。「よく分からないけれど、入会して勉強しよう」というような気持ちで入会したのでした。

入会後、問題意識を持って核になって活動していらっしゃる方たちのあとの方について行きながら、少しずつ根の深い靖国問題や、法案の危険性を知らされました。

一九七一年三月に第一回の遺族文集が発行され、原稿の依頼を受けて出した「靖国問題と遺族」という文を今、読み返してみますと、当時の私の心の揺れが見られます。法案反対の取り組みが遺族にとって重要なことを思う一方で、同じ痛みを負って戦中戦後を生きてきた私たちが、日本遺族会の方たちの悲しみを増す道を選ぶことになる。何とか手を携えて同じ道を行くことはできないのか、という気持ちが続いていました。

キリスト者遺族の会の研修会や他の団体主催の学習会等での学びを通し、また関連書物を読みながら、一九七〇年代前半の私は、それまで知らずに過ごした靖国問題、天皇・天皇制の問題、戦争の実態、さらに加害の事実、アジアの痛みを知っていく中で、驚き、たじろぎながら、今までの自分の姿勢の向きを変える努力を私なりに続けた時期でした。

靖国法案廃案後、一九七六年六月に、「英霊にこたえる会」が結成され、公式参拝を目指しての国民サイドでの幅広い全国的な運動が展開されましたが、この年に、私の所属しています横浜の六角橋教会で、「靖国問題を考える有志の会」ができました。全く手探りの勉強会で当初は私がキリスト者遺族の会で学んだ資料を基に発題するというような形で始まりました。本会発行のパンフ「天皇と靖国神社」その他をテキストにしたり、津地鎮祭違憲訴訟や自衛官合祀拒否訴訟も取り上げ、今年で二三年になりますが、先日の会では若い会員の発題でガイドライン問題を考えました。

一九七〇年代の後半、こうしてこの「考える会」への責任を負うことになった私は、それまでは、自分が聞いて理解することが漸くでしたが、聞いて知ったことを伝えなければならないという立場に立ち、関連資料をあれこれと読み直すことになりました。そして一九七九年七月十日、読売新聞が、「有事防衛行動の極秘計画、北海道侵攻一か月の抗戦想定」という記事の中で、北海道で一か月間戦闘の際の「戦死傷者の補充一万三千九百人」と報道していました。この記事を見た瞬間、私はあの靖国法案第三条（戦没者等の決定）が、同法案附則十三条の経過規定の条文と一緒に頭に浮かび、背中に冷水を浴びせられたような衝撃を受けました。戸村政博先生編集の『靖国闘争』（新教出版　一九七〇年）の中に、「新しく用意される靖国法案は、当然新しい合祀の対象者を求めているといえよう」とあった言葉も同時に思い浮かび、言いようのない暗さが心をよぎりました。靖国法案を何とかして成立させようとした意図は、新しい戦没者の処遇を考えてのことなのだ。戦没者を英霊と称えて再び靖国神社を国家管理の下に置こうとする国の側に、人を殺す計画があり、そのために法律を作る！　こんなことがあってはならないという思いが全身をかけめぐりました。戦争の犠牲を強いられた者が神に祀られ、新たな犠牲を産みだす国の戦争政策に利用される。このような仕組みに、祀られている犠牲者は、「違う！　平和憲法の理念に帰れ！」と訴えているのではないでしょうか。

私の夫はアジア太平洋戦争の末期、軍属としてボルネオの石油資源調査に当たり、任務を終えて緑十字船阿波丸で帰国の途中、船が米潜水艦の襲撃を受けて沈没し、戦死しました。国際法の保護の下に安全を保障されていた阿波丸への不法な襲撃に関しては、幾つもの謎が残されたまま、日本政府は事件の本質について調査もせず、遺族に諮ることもせず、米国の圧力によって賠償請求権を放棄しました。その一方で遺族の意志に関係なく、阿波丸遭難者を靖国神社に合祀しています。私の夫も、霊璽簿からの記名抹消要求は容れられず、今なお靖国思想の枠組みの中に組み込まれています。

一九八五年八月十五日、中曾根首相（当時）が靖国神社公式参拝を強行しましたが、これに反対して翌年三月十五日、趣旨に賛同して下さる方と共に神奈川平和遺族会を結成し、同年七月七日に結成された平和遺族会に加盟しました。新しい戦没者や遺族を作らせないように、靖国公式参拝その他すべての戦争への道に反対し、憲法原則を貫いて武力によらない平和への道を探り、遺族の痛みを平和のために役立てることができればと願って会友の方たちと共に課題に取り組んでいます。

神奈川県は一九九五年八月に、戦後五〇年の記念事業として横浜市港南区に建築した「かながわ平和祈念館」をオープンしました。殆どの県民が知らない間に建設されたこの施設は、英霊顕彰を願う神奈川県遺族会の要望に沿ったもので、戦後五十余年の今なお靖国の思想が息づいています。私たちはほんの僅かずつでもこの施設が平和のメモリアルとして改善されるように、行政の姿勢が変わることを願って他団体の方たちと共に県と交渉を続けています。展示されている遺品の持ち主であった戦没者が、「このような過ちを繰り返すな。憲法を活かして平和を作り出せ」と無言の叫びをあげている、その声にこたえていかなければと思います。

「石は石垣から叫び、梁は建物からこれに答えるからである」（ハバクク書2-11）。建ち上がった立派な家。しかしそれは不義を重ね、不正なやり方で建てられているため、石が石垣から「これは間違っている」と叫びを上げると、見事な作りの家の梁が「そうだ。不正だ」と呼応して叫んでいる。あっちからもこっちからも叫びがこだまして拡がる――ここに示されている主のみ旨を覚え、今この時代に、不当なあり方に閉じこめられている中からの叫びが聞こえる耳を持ちたいと思います。無謀な戦争の犠牲になったはかり知れない数多くの国内外の死者の、声にならない叫びに呼応して私たちもＮＯ！　の叫びをあげ、その拡がりが戦争への道を進もうとする国の姿勢を変え、平和への道に向き直る日が来るよう望んで歩み続けたいと思います。

（『遺族文集』⑤　一九九九）

違うことの意味――二枚の絵

松浦　基之（会員、弁護士）

一、キリスト者遺族の会との関連

私とキリスト者遺族の会との関連は、十歳上の兄の戦死によるものです。兄は、浜松の中学を卒業し、海軍経理学校に三四期生として入学しました。卒業後、乗っていた巡洋艦が撃沈されたのですが、幸い助かり、その後、航空母艦の雲龍に乗っていて、一九四四年十二月、東支那海で撃沈され、戦死しました。当然のことながら、遺骨はありません。

戦争はその他の面でもわが家に影響を与えています。一九四七年三月、姉の一人が十六歳で死亡しました。栄養失調と言われましたが、結核もあったと思います。母も父のいる神戸と祖父のいる因島の二重生活をしました。戦後ですが、私自身も肺結核で、高校と大学の二回、合計四年間の療養生活を経験しました。

二、二枚の絵

今日の話のため、手元の資料を整理していますと、小さいときの通信簿や絵、習字などの作品が出てきました。その中に、二枚の絵があります。ひとつは小学校中学年か高学年のもので、山の中の要塞の断面です。

蟻の巣のように地下に格納庫を持ち、空中戦に備えて各種の兵器を置き、高射砲で応戦して、空中では敵の飛行機を撃墜している絵です。戦争の影響は明らかです。もうひとつは、戦後入学した中学の一年の時の絵で、当時履いていた靴を描いたものです。靴の先などの一部にしか革が用いられず、他の部分は布です。入学以後の絵には、戦争関連のものはありません。いわば、生活密着型です。

また、通信簿を見ますと、小学校一年の時は浜松師範付属小学校と書いてありますが、三年の時は東京の白金国民小学校となっています。科目も、一年の時にはなかった国民科が三年の時にはあり、国民科の中身が修身、国語、国史、地理と分かれています。通信簿から国民科がなくなったのは、戦後、六・三・三制となった後の中学三年からです。

戦争に負けると男は殺されると教えられていましたので、敗戦時、小学校六年ながら、自分も殺されると思いました。

二枚の絵の対比、通信簿の内容の変化、などを通じて、教育がいかに生徒の精神生活に影響を与えているかを思います。

三、教育制度の変遷

どの時代の方もそうでしょうが、私の世代の場合も、戦前・戦後の教育制度の変革の影響をもろに受けて来たといえるでしょう。戦前、小学校は尋常小学校から国民学校へと変わり、国民科が設置され、戦後は六・三・三制、男女共学、学区制が順次施行され、中学卒業の時は、学区制のない私立高校に進みました。

社会的には、戦後、次のような制度が指摘できます。

ひとつは教育委員の公選制です。戦後間もなくから一九五六年まで実施されました。現在は地方公共団体の長が議会の同意を得て任命することになっています。

もうひとつは、教科書検定制度で、文部大臣の検定を受けた教科書でなければ使用できないという制度です。この検定は検閲であるとして、訴訟でその違憲性が問われました。一九七〇年の東京地方裁判所の判決は、憲法の精神を十分理解したものでしたが、裁判所は、次第に、検定制度を容認する立場を強めてきました。

四、最近の教育の特徴

戦後五四年を経て、近時の教育には次のような特徴があると思われます。

第一は、画一性です。教科書の選定を制限したり、制服などを用いる点です。違いを認めず、管理が容易にできることが目指されています。

第二は、管理の強化です。内容については、教科書の統一、国旗・国歌の法制化など、時間については、余裕が必要といいながら、時間をすべて埋めつくして、子供の自力の成長を待たず、自立性を養うことが困難な状況となっています。

第三は、評価価値の偏りです。偏差値で序列をつけ、進学優先になっています。子供は偏差値以外での評価はなかなかされません。自由な人間の成長を促していないのではないか、違いを容認していないのではないか、との疑問を強くします。

これに対する反省も一部ではあるようですが、以上の傾向は、まだ強いと思います。

五、憲法における人間と違いの意味

憲法二十六条は、教育を受けることを、戦前のような義務としてではなく、権利として保障し、人間としての成長を期待しています。

憲法の各種の人権条項は、各人の違いを保障しているものです。信教の自由、思想良心の自由、学問の自由など、精神的自由を篤く保障しています。特に、法のもとでの平等を強調し、差別の禁止を謳い、もともと違う人間を、法との関係では平等に扱うこととしています。アメリカの独立宣言は「人間は平等に造られ」と表現して「同じ」とか「似ている」とかの表現をしていません。最高裁の尊属殺違憲訴訟の文言も「人格の価値がすべての人間について平等」と表現しています。

違いは、自然な比較の結果の単なる認識ですが、差別は、比較した結果、何らかの点で優越している者を他から差別扱いすることで、人為的な側面を持ち、差別する者とされる者とを生み出します。

違うことから交わりが生まれます。ある直線との角度が異なる二つの直線は、同じ平面では必ず交わります。球ならば、こつんとぶつかるのではなく、お互いに相手の中に入り込むのでなくては交わるとは言えません。切磋琢磨とか止揚とかの言葉も「違い」の存在が前提となっています。

六、違いとキリスト教の関係

違いを一人の人間について見ると、ある時期にＡの状態であったのが、別の時期にはＢの状態になっていて、変化していることが結構あります。この変化を促すものは、時代、社会、信仰、体験、人物の触れ合いなどです。違いを複数の人について見ると、違いはむしろ自然です。違いを容認しつつ、互いに成熟し、健全な社会を練り上げていくことができます。キリスト教は人間を徹底的に砕くことによって、むしろ自由を得させ、人間は、違いを自然なものとして容認し、意見を闘わせながら、ともに成長して行くことができます。違いがあることによって、個人がかけがえのない存在であることが理解できます。

私がキリスト教に触れた最初は、戦前、幼稚園卒業時に聖書を贈られたことです。幼稚園に勤務していた宣教師はスパイかと囁かれるような時代でした。戦後、キリスト教は、姉からわが家に入ってきました。私は中学一年の終わりころ、一九四七年から教会に行き始め、療養生活を経て、一九五八年に受洗しました。弁護士会の副会長の立候補のさいも、地の塩を標榜し、地にあること、味を失わないこと、周囲の腐敗を防ぐこと、などをアピールしました。また「父から子に語る憲法の話」を書きながら、「違いを楽しむ」位の精神が必要と痛感しています。

政治・経済の状況は、ますます心配な方向に向かっているようですが、その世の中で、多忙な生活を続けながらも、今後とも自由な精神で歩もうと思います。

（『遺族文集』⑤　一九九九）

キリスト者遺族の会　反対運動の三つの方向

小川　武満（会員、初代実行委員長、牧師、医師）

キリスト者遺族の会の運動は、次の三つの方向で進められてきた。

第一は、祭神名簿記名抹消要求運動である。イエス・キリストの父なる神のみを礼拝し、他の神々を拝することを拒否するキリスト者が靖国神社の祭神として祭られ、英霊として、護国の神として尊崇されることは明らかにモーセの第一戒律に示された神の主権が犯され、教会の良心が踏みにじられることである。キリスト者の良心が踏みにじられることである。キリストの主権に仕え、キリスト者遺族の良心を証しするためには当然の抹消要求も、靖国神社は「御創建の由来と伝統に基づいて、抹消できない」と拒否し続けてきた。「忠魂を慰むるために神社を建てて、永く祭祀せよ、益々忠節を抽《ぬき》んでよ」との明治天皇の意志が創建の由来である限り、この戦いは、イエス・キリストを主と告白する教会にとって、信仰の教理の本質が否定されることであり、日本基督教会第二〇回大会では戦没者キリスト者、特に教職と神学生の氏名を祭神名簿から抹消する建議案が可決され、宗教法人としての抹消要求が行われた。そして、第三回総会で討議された靖国神社違憲訴訟問題を本格的に取り組むべき課題とした。

第二は、「慰霊」に対する戦いである。国家が慰霊という宗教の本質に深くかかわる問題に干渉するべきではない。慰霊を政治に利用することは、恐るべき冒瀆であり、遺族として許すことはできないと主張し続けてきた。靖国神社で池田権宮司と会談したとき、キリスト教には慰霊ということがないのだから、キリスト者も日本人として神道による慰霊を寛大な気持ちで受け入れてはどうか、と問いかけられた時、私はハイデルベルグ信仰問答第一問を引用し、「教会にとって、主イエス・キリストのものであるということ以外に慰めはない」と答えた。自民党の中曾根総務会長が、「靖国法案は、これまでの形では成立が難しいので「戦没者の慰霊は全国民的に行うべきもの」という考えに立って、超党派で「国家護持」を実現したい」と述べて以来、特に慰霊の問題が、靖国法案の焦点であることが明らかになってきた。

第三は、反戦平和のための戦いである。本多勝一氏は「かつての戦没者の最もひどい被害者だった皆さん、皆さんこそ、反戦のための最大の勢力になるべきだと思いませんか」と遺族に呼びかけた。遺族文集の中で、松尾智恵子さんは、「どうか戦争のために死ぬ人が、日本ばかりでなく、世界中からなくなりますように、悲しい経験をした私たち、殊に「汝殺すなかれ」との戒めをいただいている私だが、今黙っていたならば、大殺人の協力者になることを心に銘記しましょう」と訴えた。森平太氏も「キリスト者遺族の会は、戦争における国家の被害者でありながら、加害者としての責任的な自覚に立つことに徹する決断をした人たちである」と述べた。朝鮮、中国、東南アジア諸国の人々に対して、加害者の遺族として、責任をもって、世界平和の創造のために仕えて行く積極的な姿勢を持つべきではないだろうか。

（『遺族文集』⑤　一九九九）

三〇年の歩みから――第三期（一九九〇〜一九九九）

西川　重則（会員、第二代実行委員長）

1

一九九〇年代は、言うまでもなく、新天皇の時代であり、〝天皇の季節〟と言われる時代である。国際化の時代であると言われながら、日本は、国際化ならぬ国粋化の時代になりつつあると言ってよい。改憲・靖国・教育・軍拡の全領域にわたって、天皇を機軸とする動きが顕在化しつつある。まず改憲構想にあって、象徴天皇の国事行為を拡大強化することが見られる。次に、靖国神社問題では、天皇の神社・靖国の思想を鮮明に打ち出す動きが見られ、天皇・首相らおよび三権の長、自衛隊の参拝などが要望されて、靖国神社国家護持がめざされている。岩手靖国違憲訴訟高裁判決、愛媛玉ぐし料公費支出違憲訴訟最高裁判決（全面勝訴）も、政府・与党にとっては、靖国神社問題の解決に障害とならないとする政治姿勢が見られる昨今である。

教育の世界では、近隣外交を配慮し、旧植民地時代の認識を部分的に是正しているが、天皇制にかかわる問題については、戦前・戦中から一歩も前進しないままの状態である。「昭和天皇」の死去に際しては、死去ないし逝去の用語が使われず、ほとんどのマスメディアで〝崩御〟が用いられたことは、今なお記憶に新しい。軍拡については、海外派兵、集団的自衛権の行使が論じられても、批判の声は大きくなかった。

第一四五回通常国会は一九九九年一月十九日から六月十七日までの一五〇日をはるかに延長して、八月十三日までの異常延長国会となっても、全国民的批判はなされないままの状態であった。その結果、「新ガイドライン関連法案」、「国旗国歌法案」、「組織的犯罪対策三法案」、その他、国の根幹にかかわる違憲立法が次々と成立した。そのような状況が突然始まったのではないところに、日本の深刻な現実があることを、冷静に直視しなければならない。

一九九〇年代は、まさに、戦後が終わらないのに〝戦前〟が始まったと言ってよい。とくに、「新ガイドライン関連法案」の成立は、日本の国是を一八〇度変更させた。すなわち、日本は、武力によらない国のあり方を放棄したのである。これからは軍備を始めとする国内法を一日も早く整備し、〝武力による普通の国〟の要件を整備するための諸施策を進め、法制化するであろう。

私たちは、いま、どこに立っているのか。いま、なぜ〝戦前〟なのか。正義と平和の主イエス・キリストに従うものとして、〝祈りつつ正義を行いつつ〟、新たな展望を切り開く責任は大きい。

2

さて、厳しい第三期を振り返ってみるとき、改めて私たちの課題の重大さを痛感させられる。一九九二年六月十五日、高度の政治決着によって、いわゆるＰＫＯ法案が、強行成立をした。これは、「新ガイドライン関連法案」の成立の先取りとして、武力によらない国のあり方から武力による国のあり方へと、国是の変更を意味した。すなわち戦没者・戦没者遺族が再び生れる時代に入ったということである。いまや、私たちの会の存在理由が、いよいよ明らかになったと言ってよい。ＰＫＯ法や「新ガイドライン関連法案」の成立によって、日本の国は、平和憲法の理念である武力によらない平和の創造の意志に信託せず、武力によって世界の秩序を維持する道を選択したことを、世に示したのである。その影響と波紋は測り知れない。

右に述べた通り、一四五回通常国会が通常の会期である一五〇日を無視し、一九九九年一月十九日から八月十三日まで長期の延長国会となったのは、ただ国会を長引かせたというのではなく、国家権力を恣意的に行使して、小渕内閣の初期の目的を達成するためであった。

私たちにとって、第三期の最終段階である一九九九年は、まさに、歴史的戦いを強いられる年になったと言ってよい。「新ガイドライン関連法案」の成立は、通常の法案の成立ではなく、平和国家から覇権国家へと国是を根本的に変更したことを意味する。したがって、あらゆる領域に国家の意志を反映させるための数多の法律が必要となり、ひとつの通常国会において、高度の政治力を行使して次々と悪法を成立させたのである。「国旗国歌法案」の短期成立は、その典型的事例となったと言えよう。

私たちの会は他団体と協力し、反対運動に参加し、悪法の廃案をめざし最善の努力を払った。しかし、状況は想像以上に厳しく、小渕内閣の企図する日米安保体制の軍事力強化路線は強化の一途を辿った。私たちの会が長期にわたって批判と反対の声を挙げ、他団体と共に平和遺族会全国連絡会の名の下に、「抗議声明」を発表した「戦没者追悼平和祈念館」（仮称）も、ついに一九九八年十二月二十五日完成、一九九九年三月二十七日開館を見るに至った。正式名称が「昭和館」となり、今日に至っていることは周知の通りである。

活動がより広範になると共に、私たちの会の責任と課題が重大かつ困難になったことは自明と言わなければならない。一九八六年七月七日に発足した平和遺族会全国連絡会の責任と課題は、日ましに増大しつつあると言ってよい。戦後日本そのものが、加害と被害の相克の歴史を辿って、ますます深刻な現状を露呈しているが、平和遺族会全国連絡会の発展を念願する私たちにとって、同様の痛苦は、大きな試練となっている。アジア太平洋地域の国々・人々に対する長期の侵略・加害の歴史を学ぶにつけ、その結果生み出された利害対立と歴史文化面での衝突を早急に解決・克服する試みが責任を以てなされねばならないことを、ここに述べておかねばならない。加盟団体としての具体的責任課題を明確に確認し、キリスト者にふさわしく、主イエス・キリストに信従する姿勢を堅持し、柔和と謙遜、正義と平和の主イエス・キリストに倣いつつ、信ずる神のみを畏れ、人を恐れない信仰と良心の自由を主体的決断によって実践できるよう願ってやまない。

おわりに

ここで、私たちの会そのものについて、率直に自己吟味しつつ、いくつかのことを述べて見たい。

何よりも、戦後五四年の今日、高齢化の問題が大きな問題となっている。それはまず政治の問題ではあろうが、豊かな高齢化社会をめざし、高齢者の日々の歩みが祝福され、尊敬される日々であることを、心から願わずにおれない。同時に、会として真剣に考える課題として、若い世代への働きかけが、緊急課題となっている。二〇世紀の〝負〟の遺産の解決を求める運動と共に、高齢の世代が、戦争の惨禍を〝語り部〟として若い方々に語り伝えることは、殊の外重要である。〝記憶〟と〝継承〟の意味を、改めて痛感させられている昨今である。

さらに、私たちの会が今日まで支えられ、導かれて来たことを感謝するとき、会友の方々の献身的な働きについて深甚なる感謝の思いを述べたいと思う。とくに第一期から第三期の今日まで、終始、会の発展のために献身的な働きをされた会友の方々に対して、会を代表して、この場を借りて、心からなる謝意を表明したい。私たちは発足以来実行委員会を構成し、年間スケジュールの下、さまざまな働きにあずかった。その場所を提供し、暑いときも寒いときも部屋の準備をし、会がスムースに運ぶように配慮し、協力された中川正子姉、また同じように困難な状況を切り抜けるために活発な意見を出すと共に、財政の安定のために努力された北川裕明氏、内藤眞理子姉に深く感謝したい。また、発足の際、事務所を提供され、助言を惜しまれなかった渡辺信夫牧師に感謝したい。

知恵足らず、多くの点で思い至らない私たちは、多くの失敗をくり返し、今日に至っている。献身的な会友の働きを正当に評価することなく、長い間、会員が議決権を占有し、会友との差を顧みず、発言権のみに留め、議決権を無視していたことも、そのひとつであった。

そうした試行錯誤のうちに、いつしか時は流れた。三〇年の戦いの軌跡を、今、新たな思いのうちに回顧し、二〇世紀を閉じようとする秋、平和の世紀・二一世紀の展望を切り開くべく、懸命の努力を払いつつ、この国に生かされて、いま、ここにいる。

初代委員長として懸命に馳場《はせば》を走り続け、その大任を果たされ、一九九三年に辞任された小川武満氏は、平和遺族会全国連絡会の代表として、その重責を担っておられる。私は、第二代の実行委員長として、一九九三年五月以降、会員・会友の祈りと支援にあって、今後の進展を願い、共なる戦いへの決意を新たにしつつ、三〇年の戦いの軌跡の頁を閉じたいと思う。小さき群を、支え・守り・希望を与えてくださった主の恩恵を覚えつつ、新たな戦いを継承される若い世代にバトン・タッチができるよう祈っている。常に身近にあって共に戦った井上健・木邨健三・水谷信栄・湯川貞子氏らを始めひとりびとりの戦いの友に尽きせぬ感謝を表して、ささやかな報告を終る。

（『遺族文集』⑤　一九九九）

小川武満先生召天、前夜式式辞

前夜式

北川　裕明（会友、牧師）

○式辞要約

小川武満先生という言い方には、少なくとも、三つの意味が込められている。牧師、医師、そして平和の証言者としての「先生」である。また、ご遺族にとっては、掛替えのないおじいちゃんでありましょう。前夜式を執り行うに当たって、小川先生の多様な面を表せる内容にしたい。

○説教要約

小川武満牧師なら、今、何を説教されるだろうか。アドヴェントをむかえ、来週クリスマス礼拝を控えているこの時、マタイ1章を取り上げた。ここで、ヨセフがマリアと離縁しようと決心したのは、19節「夫ヨセフは正しい人であったので、彼女のことが公になることを好ま」なかったと記されている。マリアは神から、彼女にしか成し得ない一つの召しを示され、結婚前に聖霊によって身重となっていた。何故、この様なことが彼女の身の上に起こったのか？　説明をして理解が得られるような出来事ではなかった。神の召しを受け入れることによって、人が理解する範囲を越えた内容、常識をかけ離れ非難されるしかないような事柄を、たった一人で担い続けなければならない時がある。「正しい人であった」ヨセフは、倫理的にも、神の律法に対しても「正しいあり方」と、マリアへの配慮とを思いめぐらし、彼なりに苦しんだ。その結論は「ひそかに離縁」する決心だった。「人の正しさ」が受容できる次元を越えた召しを、共に担いながら生きることはできなかったのである。ここに、「人の正しさ」が人と人との関係を破綻させていかざるを得ない限界がある。ロマンチックな行動として、華やかに迎えられるクリスマスの出来事の本質には、越えることのできない人間関係の破れが、突き付けられているのである。そして、このことは、規模を大きくして、「正義のための戦争」という事態を歴史の中で引き起こし、今また繰り返そうとしているのではないか。

しかし、「人の正しさ」による限界、すなわち「罪」の破れ口に、神が和解者として私たちを結び付けていると、聖書は告げる。23節「神われらと共にいます」、「わたしと」ではなく「われらと」。破れていくような様々な人と人との関係、民族と民族の関係、国と国との関係、そこに十字架の主が敵意の中垣を取り除き、和解を与える救い主として生まれてくる。つまり、その和解は、この世の力や正しさによってなされるのではなく、幼子として生まれ、十字架で処刑されるという、無力と愚かさと弱さに満ちたあり方でなされる。人の「正しさ」によって罪を裁く論理ではなく、神の「愚かさ」によって罪を赦す福音である。

現在も様々な亀裂が、家族の中に、医療現場の中に、平和運動の中に、キリスト教会の中に、宗教の中に、広がっている。人は「正しさ」という罪の垣根を、越えることができないからである。分野を越えて多様に働かれていたようにみえる小川先生も、この和解の務めを果たす一点にだけ、向かっていたのではないか。

地上の歩みを続ける私たちも、インマヌエルの主に支えられ、出会わされた場にあって、和解の福音を分かち合っていきたい。

（機関紙「キリスト者遺族の会」148号　二〇〇四・二・一）

三四年間、小川先生と共に

西川　重則（会員、第二代実行委員長）

はじめに

人生とは不思議な出会いから始まるものである。キリスト者遺族の会結成にいたる直接の契機は、吉馴（現塩田）明子姉の呼びかけがなければ、小川先生も私もキリスト者遺族の会の発足にかかわることはなかったであろう。もしそのような出来事がなければ、私が小川先生と出会うこともなかったであろう。人生とはかくも不思議なものである。

1

小川先生については、わだつみ会編『天皇制を問いつづける』（筑摩書房）、『平和を願う遺族の叫び』（新教出版社）、『地鳴り　津久井平和のつどい十五年』（梨の木舎）、『地鳴り　非戦平和の人生82年』（キリスト新聞社）、『戦争を語りつたえるために』（梨の木舎）、『日本の市民から世界の人びとへ』（梨の木舎）をはじめ『福音と世界』、キリスト者遺族の会の一連の文集、機関紙、時折のパンフレットその他によって知ることができよう。

小川先生はキリスト者遺族の会の初代の委員長であり、私は副委員長の役割を担い、「平和遺族会全国連絡会」結成後は小川委員長、西川事務局長という関係にあって、どちらの場合も小川先生は会の発展のために重責を担われた。ご夫人のご労苦と共に忘れ得ない多くの事柄を記すべき立場にある。しかしここでは靖国神社問題に深くかかわった小川先生がいと小さき私を用いて下さって、それぞれの持ち味を生かして働きを共にすることができたことの一端を報告したい。

その第一は、何といっても七三年四月二十一日に開かれた小川先生の地元での「津久井集会」開催の意味の大きさである。日本遺族会の人々とキリスト者遺族の会を中心に、日本でも他に事例がないと言われる靖国神社問題の本質をめぐっての話し合いがなされたのである。その準備の過程にあって、小川先生は開催自体の困難さを痛感されただけに、成功した喜びは筆舌に尽くしがたいものがあった。講師に立てられた私も同様であった。貴重なレポートのひとつとして、児玉隆也「遺族の村――靖国法案と遺族たち」（『この三十年の日本人』新潮文庫、一九六～二三二頁）を挙げておく。

第二は、アジアを始め世界を視野に入れた戦没者遺族運動の提唱である。津久井集会同様、非常にむずかしい課題である。したがって、志は高いが成功しているとは言いがたい。しかし志そのものが重要な意味をもっている。

私が初めて募金によってフランス・ドイツにヤスクニの旅をした時の報告（西川重則『ヤスクニの旅―フランス・ドイツ報告』）の「序文」の最後に、小川先生は「今こそ愛する者を戦争で失った全世界の遺族たちは「平和をつくり出す人たちは、さいわいである」との御言にかたく立ち、戦争協力に抵抗し、歴史の主を仰ぎ望み連帯すべき時である。一九八二年一月二〇日」と記している。

2

それから二一年近く経た二〇〇二年十一月八日の日付で、「御一緒出来なくて残念です。主に在って、世界の平和のため、ご健闘を祈ります。皆様によろしく御伝え下さい。小川武満」と私への直筆の一文が私の手許にある。そしてその封書の表に「一路平安　小川武満」と記してある。十一月九日にカンパとして現金の入った封書が届いた、その中に認《したた》められてあった。今にして思えば、私に対する遺言ともなった、千鈞の重みを持つ文書である。

第二次世界大戦の歴史の事実についての共同の検証作業の一環としての国際会議がアメリカのサンディエゴで開かれ、参加の要請に応えての出発直前の私に対する励ましの言葉であった。

最後に、小川先生の平和運動の原点が最も端的に表明されている次の一文を記しておきたい。「私たちは、中国民衆との出会いの中で、侵略戦争の流血の歴史……を真剣に受け止め、告白しなければならないと思う」（「中国民衆との出会いの中で」『福音と世界』一九八一年八月号、三七〜四二頁）。

今、私は、昨年十一月一日の午後九時過ぎに、満九十歳を迎えられた小川先生宅にお祝いの言葉を述べ、近々お訪ねしますと言うことを電話で申し上げたことを思い出しつつ、ペンを進めている。

小川先生が、私を「兄弟のよう」だと言われ、それだけに、時には強い言葉で、私の提案を退けられることもあった。先生が八十二歳の時、「高齢だし、二人揃って辞任し、若い人たちと交代しませんか」と申し上げた時、「五十、六十はまだ少年みたいなものだ」との返事が返ってきた。小川先生の「地鳴り」の精神が爆発したのである。

小川先生と三四年を共に歩んだ私にとって、有事体制づくりの日本にあって、法の支配も法の手続きも一切無視するアメリカ一辺倒の小泉首相が、悪法を次々と成立させる一方、四度目の靖国神社参拝をくり返し、その直後に、天皇制の牙城とも言うべき伊勢神宮に参拝し、そして自衛隊をイラクに「派遣」してはばからない厳しい状況を直視しつつ、私は、今こそ「地鳴り」の思想による強靭な精神が必要であると思っている。

おわりに

最後に、小川先生は「キリストの主権に仕えるために、教会とこの世において、キリスト者遺族としての良心をあかしする」（キリスト者遺族の会規約〈目的〉要旨）ために、「地鳴り」の精神が必要であることを痛感されていたことを記しておきたい。「明治専制政府は、その強大さとその無抵抗主義と一切の挑発に乗らない地鳴りのような巨大な集団〈無力と思われた百姓農民たちの組織だった武相困民党〉を前にして、事実上、手も足も出なかった」、「平和を求める民衆の強大なエネルギーを一つにした大地の高鳴りこそ二十一世紀の世界の平和を創造する原動力であろう」（小川武満　平和遺族会全国連絡会代表『地鳴り　非戦平和の人生82年』、四頁）。

小川先生の信仰と良心から発せられた確信であり、共に、その志を継ぎたく思う。夫人の上に、主の慰めと励ましが豊かにありますように祈りつつ。

（機関紙「キリスト者遺族の会」148号　二〇〇四・二・一）

不屈の闘士、非凡の指導者――小川武満先生を偲ぶ

中川　正子（会友）

「益々困難な時代に差しかかり、老兵であっても叫んでほしい」。先日の納骨ご報告の幸子夫人のご挨拶の一節である。イラクに自衛隊が派兵され、元旦に小泉首相の靖国参拝があり、問題山積の事態の中で、どんなにか無念な思いで逝かれたであろう。私たちは昨年相次いで召された巨星たち、戸村政博、井上良雄、森山忞《つとむ》先生方とともに「天にあるおびただしい証人の群れに囲まれている」（ヘブル12−1）ゆえに、備えられた主の道を上からくるまことの希望をもって雄々しく歩みゆきたいと思う。

Ⅰ

小川武満先生は一九一三年、旅順（現中国東北部）にて日赤につとめる軍医の父親のもとに生まれ、一九四八年まで中国で過ごした。幼い頃の夢は、蒙古の大草原で牧場を開き「五族協和」の村をつくり五族の妻を迎えて「一夫多妻」多くの混血の子供に囲まれて過ごすことであった。中学時代には自然を愛し、渡り鳥の観察で「満州の小鳥の専門家」といわれ、父上の友人の「大賀ハス」の大賀博士から養子にのぞまれた。思想の背景には「希望社運動」があり、皇室中心主義、神社中心主義の研修を小、中、高の時代に徹底した

軍事訓練とともに「幹部適認証」を受けた。

そして満州事変をつぶさに体験する。中国民衆のために微力ながら銃をもって立つと遺書をしたためた医大予科の二十歳にみたない小川青年は、親しい車曳きの青年を撃ち殺したことを知り、ガク然とする。今まで親しかった中国の友人たちも、きびしい反満抗日意識をもつようになった。戦争は一人を殺せばそのまわりに十倍、百倍、千倍の敵意をつくり出すことを知る。父上の薫陶とともに満州医科大学では、七三一部隊の中枢にいた北野政次教授に学んだという。

II

医大卒業後、軍医を志願せず、歩兵の二等兵として入隊し、敵前上陸の特殊部隊で、徹底した初年兵教育をうけた。戦場で役立たない弱い者は淘汰されるのが当たり前という軍隊教育である。そののち軍医となり、河北省の石家荘陸軍病院に派遣される。「焼きつくし、殺しつくし、奪いつくす」の三光作戦の中心地帯にあった病院で、その重症の内科病棟で、教科書でならったことのない病気に遭遇した。いわゆる「戦争神経症」である。戦争神経症については、日本では漸く一九九〇年代になって「軍隊慰安婦」のこうむった心的外傷、その後のトラウマの深刻さに気づいて重要性が認識されるようになった。アメリカ軍は第二次大戦以前から関心をもち、朝鮮戦争、ベトナム戦争の中でくり返し問題になってきた。小川先生は一九四二年頃から着目し、戦争とはタマに当たって死ぬ悲惨よりも非人間的な現実の中で極度の栄養失調、自律神経失調状態になる事を発見している。半身不随、高熱、夜尿、不眠など全身の症状を呈するのである。やっともち直して原隊復帰という時に、銃剣でのどをかき切って死んでゆく。このような形の戦争拒否があるのである。

また北京の陸軍監獄には、中国の兵士だけでなく、利敵行為をした農民も商人も死刑囚としてとらわれていたが、先生はこの陸軍監獄の軍医となった。刑の執行に立ち会い死を確認するのがつとめであったが、この時看守長から人体実験に使ってはどうかとすすめられたという。

戦後、除隊してキリスト教のセツルメントで医療伝道を志していた時、北京の日本連絡班の医師として、北京監獄の日本人戦犯約三〇〇名の治療と死刑者の処置、火葬に携った。死体をリヤカーにのせて運ぶ時の中国民衆の怒りのまなざしが忘れられない。高級将校が日本に逃げ帰ったのち、戦犯の汚名をきせられた下級将校の処刑にいくつも立ち会った。「この戦争は聖戦ではなく侵略戦争でした。靖国神社は平和な神社になってください。天皇陛下もこの罪を詫びてください。われわれは英霊ではありません。勲章は拒否します。」等の遺言をのこしていった人々の私は証人であります」。一九九一年大阪靖国訴訟の原告側証人としての証言である。その当時の抑留関係者名簿がキリスト新聞社刊『地鳴り』の巻末にのこされている。

Ⅲ

一九三五年から東京日本神学校に学んで牧師となった先生は、北京では東華教会で軍服で説教もされた。当時、中川晶輝はじめ数名の青年会のメンバーは信仰とひそかに非戦の交わりをなし爾来六〇年、主にある友情は続いてきた。帰国後、大阪北教会の宣教、牧会に専念。同教会を復興、一九五三年以降は困難にみちた農村医療伝道を志し、神奈川県田名伝道所、上溝伝道教会、秋田県での二年間の無給の実践を経て一九六五年から理想にもえて葉山島に教会と診療所を建てた。昨年七月、葉山島診療所は後継者を得られず閉鎖に至る。

先生の神学を、平信徒の私流に云えば、戦争と平和の神学的課題の追求と終末論的希望の神学の追求である。「終末論的希望こそは、かかる現実の絶望にうち勝ち、歴史的決断へと我々を追いやる唯一の根拠である。実に歴史の主なるイエス・キリストを全生活において告白する信仰告白の闘いである」。一九六九年からのキリスト者遺族の会の運動の中で「キリストの主権に仕えキリスト者遺族の良心を証しする」と旗印を鮮明にしている。

一方、北京での青年会のメンバーが核となって都心で四〇年間、小川集会が超党派で続けられた。時代に肉薄した問題提起を聞き、先生は「聖書に聞く」姿勢を丁寧に指導してくださった。独特の字のビッシリ記された大学ノートを思いおこす。

Ⅳ

お二人の弟さんが満州、フィリピンで戦病死され、令兄を復員後栄養失調でなくされた。その遺族としての心情が、靖国法案に反対し、キリスト者遺族の会結成へと至る。天皇の名によって宣戦され、天皇の名のもとに愛する者が殺されたことを、戦中、戦後の生活の中でつぶさに経験し、天皇の戦争責任を追及せざるを得ず、またアジアの隣国に対して加害者であったことの反省から一九八五年中曽根首相の靖国神社参拝を契機に、思想、信条をこえた平和遺族会運動として連帯の輪は拡げられた。爾来一三年平和遺族会全国連絡会代表の任を全うされた。中国への謝罪の旅は一〇度に及び、台湾の遺族を招いての合宿や補償請求もされた。アジアの遺族との連帯を願ってのことである。アメリカや西ドイツに飛ばれたのは世界遺族連盟の幻をもっておられたからである。

並はずれた大器の人は、宣教、平和運動、医療において、いと小さい者に仕えた生涯だったのである（マタイ25–40）。

（中国帰還者連絡会の高橋哲郎氏のお返事から題をいただく）

（機関紙「キリスト者遺族の会」149号　二〇〇四・四・一）

小川先生を偲ぶ

木邨　健三（会員）

昨年の十一月と十二月は、私にとって関係の深いお二人のキリスト者の死を迎えたことでした。十一月七日は、靖国神社問題委員長の森山忞牧師であり、十二月十四日は、私たちのキリスト者遺族の会・平和遺族会全国連絡会代表の小川武満牧師でした。

私はカトリックであり、戦没者遺族です。お二人がこれらの運動を始められて以来、共に行動をしています。

小川先生は、キリスト者として人間として本当に誠実な生き方をされた人でした。

先生を「戦友」と呼ぶ渡辺信夫牧師によれば、「一九三一年九月十八日、日本が奉天の柳条湖で、所謂「満州事変」を起こして中国への武力的侵略を開始した時、彼は居留民としてそこにいて、事実を見たのであります。それも観察者としてそこにいたのではなく、学生の身分ながら軍隊の補助員として動員され、侵略加担者として参加したのです。侵略戦争の開始の夜、一夜明けて彼が目にしたのは、知り合いの中国人車夫の死体でありました。警戒線に近づいて、誰何《すいか》されても言葉がつうじないままに射殺された民衆の姿がそこにありました。したがって、彼は終生、日本の戦争責任を、第三者的告発者として論じるのではなく、そこに共犯者として参加した己の罪の告白として語ったのでありました」と述べておられます。

歴史を机上で学んだのではなく、体験者としてそこにいたことが、彼の平和運動の原点であると思いました。安田久雄カトリック元司教もその一人です。一兵士として中国戦線で見たものは、日本軍の暴虐であり、「聖戦」でなかったことを告白しています。このことが彼を悔い改めに導いたのであり、正義と平和活動に積極的に参加していく勇気と行動が出てくることがわかりました。このお二人に共通していることは、自らの戦争体験をキリスト者としての生き方に重ね合わせて歩いていかれたことであると思います。

小川先生にあと押しされるのではなく、あとからくっついて、引っ張られて共に行動できたことは、この戦争体験による平和運動の原点に感動したからです。

小川先生を偲んで

小林　晃（会員）

小川武満先生が召天されてから三ヶ月になるこの時、あらためて小川先生を失ったことによる喪失感をとても大きく感じている私です。それは先生を通して教えられた恵みの大きさによるものです。

小川先生との出会いは、私も「キリスト者遺族の会」に参加することによって与えられました。その頃私は母を連れて上京し、入学した神学校が紛争となり、教授会が機動隊を導入したことで神学する気持になれず退学して、新教出版社に生活の場を与えられ、そのビルの集会室で行われていた「神学セミナー」で学びを続けていました。そして西川重則さん（当時、新教出版社勤務）との出会いも与えられ、キリスト者遺族の会の存在を知らされ、参加することを決心したのです。

一九七四年から私は、千葉県東葛飾郡浦安町で開拓伝道に仕えることになって、キリスト者遺族の会の集会と活動などにあまり参加できなかったのですが、それでも参加した時には小川先生はあの柔和な笑顔で浦安伝道を励ましてくださった。そして私はその時々の集会や抗議行動での先生の講演や発言、また多くの文集・機関紙などから学ぶことができました。私たちの教会も「教団の戦争責任告白」に立ち、再び天皇制支配が強まり戦時体制にむかう状況に対して、教会が過ちを二度と繰り返すことのないように、私たちは非戦平和を作り出し、人間一人ひとりの尊厳を守るための努力を続けています。

小川武満先生は、日中戦争を最初から最後まで見続けた証人であったことは神が小川武満牧師にお与えになった特別な使命であったと思います。それはとても厳しく残酷とも思う悲惨な道を小川牧師は自らをその罪責を負って生きて来られました。その証言を私たちは聞いたのです。それは平和の主キリストの証人としての証言でありました。小川牧師は全生涯をかけて非戦平和の大切さを証しされました。私たちはこの証を引き継ぐ責任があります。平和憲法に反して日本が戦争する国になった今日、私たちに託された使命はとても重大であると思っております。

向軟弱的人我就作軟弱的人

島津　晃（会友）

長野県人となってすっかりご無沙汰している私が、ふと思いついて高速道を降り、懐かしい葉山島の小川先生ご夫妻を突然訪ね、夕食をいただいた日のことが昨日のようです。あのやさしい笑顔に迎えられニコニコとうなずきながら耳を傾けて下さるので、疲れて自信を失っていた私は何度慰められチャレンジし直す勇気を与えられたでしょうか。小川先生、幸子さん本当にありがとうございました。

一九八九年に神学校を卒業した時、お祝いの聖書に中国語でしたためて下さったのがコリント前書９章22節以下の御言葉でした。以来「自分はどこに立っているのか」怪しくなる度にこの聖句に託された召命にたち戻ります。

忘れられないのは、中曾根首相が公式参拝を強行した一九八五年、小川先生が北門付近で突然上着を脱ぎ首相公用車の前に立ちはだかった時のことです。ワイシャツに書かれた抗議文が首相や歓迎の人々の目に留まる間もなく、たちまち大勢のＳＰに羽交い絞めにされ連行されたのです。間近でカメラを回していた私もＳＰから「お前も仲間か」と迫られて、とっさに「違います」と答えた瞬間、あのペテロの経験が脳裏をよぎりました。本当に弱い自分を痛切に感じた経験でした。

「我就作軟弱的人」は私にとって小川先生の遺言となりました。医師として牧者として辺境地医療に尽くされたご夫妻の記憶として、中国民衆への深い愛情と和解の使徒として「福音のためならどんなことも」実践された信仰を心に刻み記憶しつづけます。

松本は自衛隊の町です。長野は中国東北部へ多くの「開拓移民」を送り出した地域です。歴史理解と現実の利害が複雑に絡み合う地域です。だからこそ最も小さくされた人々、平和を真剣に求める人々とがしっかり結び合わされなければなりません。幸い南部さんや角田先生も近くにおられます。それぞれの持ち場で精一杯ですが、この時代の闇を直視しつつ小川先生の明るさを信仰と証を受け継いでいきます。

小川先生と地域の平和運動「なかよくね」

水谷　信栄（会員）

一九七三年四月二十一日、キリスト者遺族の会の応援も頂き、津久井湖畔で津久井で初めての、「平和を願う遺族のつどい」が開かれました。キリスト者以外のかた、平和・反戦について関心のないかたや願ってはいても強く言い出すことができなかったかた、などの参加者がありました。またこのころ先生は、隣の相模湖町の住民で「相模湖ダム建設当時の歴史を記録する会」が作られると、メンバーとも積極的に関わりました。神奈川県民のみずがめのこのダムが戦時中強制連行によって、多くの朝鮮の人々が過酷労働を強いられて造られ、多くの犠牲者があったことも知らされたのです。

その後相模多摩平和遺族の会などにも招かれながら、キリスト者以外の平和の会にも力を注がれお坊さんや、天理教のかたとも一緒に進まれました。

牧師として、また農村医療伝道に、平和運動にと多忙ななかで、強く偉大な先生の業を支えていたのは、自然の中で育った幼少のころの思い出が強かったのではと思うこともあります。口笛で小鳥を呼んだり、へびをご自分の首に巻きうれしそうに「かわいいですよ」と言ったことなどもありました。この葉山島に医療を伝道を教会をと願い、力を注いだ先生も神様の創られた大自然に育まれたことが、力の源だったのでしょうか。この葉山の自然のなかで、田畑を守る人との関わりを通し、あるときは河原のたんぼを崩す砂利採取業者にたんぼの復元を迫り、山を切り崩すゴルフ場開発業者にも抗うこともありました。この運動でたんぼが復元されると、先生は地元の教会員のたんぼにでかけ、田植えや稲刈りに汗を流されたのです。

平和運動で、激しく叫ばれた強さも思い出されますが、自然を愛し、農村の素朴な人々を敬う先生でもありました。ご家族に最後に残された言葉は「なかよくね」でした。

（機関紙「キリスト者遺族の会」149号　二〇〇四・四・一）

〔二〇〇四・二・一一集会報告〕

若者と政治・憲法、天皇意識

坂内　宗男（会友）

一

去る二月十〜十一日、私は三八年ぶりに山形の基督教独立学園を訪問する機会が与えられた。当学園では、もう三〇年以上も前から二月十一日を「建国記念の日制定の不法を考える」時として休日とせず全生徒が登校、全学あげてその意味を考えて来たという稀有な学校である。当日も、まず助川校長が「ペトロの心の座標軸――人にではなく神に従う」と題し、アジア・隣国の人は、この日をどう見ているか、の視点から、かつての奉安殿、現人神《あらひとがみ》たる天皇、神社参拝の強制、国体思想に触れ、神ならざる者を神とした日本歴史を反省、二度とあってならないことと結ばれた。次いで職員の方、各学年生徒グループ、教師の方の発表も興味深かった。二・二六事件の本質、架空の人物を再び持ち出すことの問題、ナショナリズム高揚の問題と合わせ学園の考えが統一されるとすればこれ又問題で、自分で考えることの大事さを強調（職員）、また一学年G（グループ）は神武天皇即位の日を当てるくだらなさ、戦争のイメージと重なる、憲法第一章を改正する動きが大勢出て欲しい、と言い、二年Gはどう考えても戦争に向かっている、今の若者に愛国心は育たないがこの動きを転換するのは無理と言う。また三年Ｇは天皇陛下バンザイという人の気持ちはわからないが、反対する人の気持ちもわからない（何故天皇が統合の中心でいけないのか）、愛国心も意見が分かれているが、不純な心を正すのは武士道ではないか、と言う。

Ａ先生が神道政治連盟を取材し、スライド付きで紹介したのはすばらしかった。情報過多の現代において、実は余りに情報操作が為され、大事なことが国民に知らされていない、とその事例を当連盟に当て、ナショナリズム＝日本らしさの中心が世界に誇る皇室と日本の文化伝統にあり、現憲法を持っているのは恥であり、怠慢だ、とし、それを支えている「神政連国会議員懇談会」のメンバーが、参院の例をとれば、議員総数の三分の一以上を占め、また憲法調査会メンバーでも衆・参院とも約半数を占めている、とのことだ。またこの懇談と連動する「みんなで靖国神社に参拝する国会議員の会」の初代会長は竹下登前首相と、自民党（そして民主党）を中心とした主要幹部が名を連ねていることは余り知られておらず、今日の急なる右傾化の実態の底流を知るとき、無関心でいると時に流されてしまう、と結んだ。ほか生徒のＡさんは憲法一～二条の象徴天皇、皇位の世襲制（現天皇は一二五代目〈二〇〇四年当時〉）、ほか皇室財産・日常生活（公的・私的）のことを調べ、Ｂ君は海外から見た天皇観を紹介、天皇の名による日本軍隊（皇軍）の南京大虐殺を例として海外の知人はよく天皇の役割のことを知っており、自分たち日本人の無智が恥ずかしい、恐ろしいことだ、と言う。次いで私が「憲法に生きる――「建国記念の日」を問うて」と題しお話しさせていただき、午後には学園ＯＢのＦさんが、二年前ピース・ボートで北朝鮮を訪問した折の印象記と全人民が金日成バッジを付けている北朝鮮とかつての天皇制軍国主義下の日本との係わりを思うとき、両国とも変わらなければならず、人と人との交流・友情こそ大事だ、と力説した。また私と同行した韓国留学生李氏（六十歳、伝道志望者）、山形大の大学院生三人と共に来園された髙嬢同大講師も感想を述べられ、この種の企画に驚き、感動されたようであった。

二

さて、私は、学校側からの要請により、天皇制そのものについて語ることになったが、前もって次の如きアンケート（要約）を生徒に依頼したのであった。

①日本国憲法を読んだことがあるか。②（①で「はい」と答えた方に対して）その基本原理は何か（複数列挙可）。③その基本原理はあなたにとってもっとも大切なことと思うか。④（③で「いいえ」と答えた方に対して）いま、日本にとってもっとも大事な基本原理は何か。⑤憲法本文のトップに天皇のことが記されているが、天皇をどのように考えるか。⑥憲法の基本原理と天皇（制）は両立すると思うか。⑦首相が伊勢神宮に参拝して年頭所感を述べること、及び八月十五日に首相・閣僚（有志）が靖国神社に参拝することが恒例化していることについてどう考えるか。⑧「日の丸・君が代」問題をどう考えるか。⑨一九九七年四月二日、愛媛県が靖国神社、護国神社に公費を支出したことについて最高裁が違憲としたが、どう思うか。⑩軍事的性奴隷をはじめとする戦後補償問題が今日でも解決しそうもない原因はどこにあると思うか。

実は九八年の五月、島根の姉妹校愛真高校で憲法記念日にちなんで語った折、前もってお願いした生徒へのアンケート一〇題の①と②を今回同じにしたのは、現憲法の基本原理をしっかり把握しているかどうかが天皇（制）理解（④以下の設問）のカギと考えたからであったが、この六年間に驚くべき事態、即ち憲法の空洞化現象が世論と同様教育の現場にも深刻に影響しているということであった。詳述すれば、アンケート提出数は愛真七〇人（生徒数は七二人）に対し学園は二九人（生徒数は七六人）においての対比ではあるが、①で「読んだことがある」と答えた者が前者が四五人（六四％）に比し後者は八人（二八％）であり、一七人（五九％）が否と答え、②の基本原理（主権在民、基本的人権の尊重、平和主義）をきちんと記した者が前者四三人中二七人（六二％）に比して後者は一〇人中三人（三〇％、各学年ごと一人）であることは、中学生の時に次第に憲法を学ばなくなったことが原因と思われた。なお、学年が上がるに従って記憶にないことが多くなるということは、中学時の学習が一過性であり、また高校時の憲法学習がいかに大事か、ということであって、その点でも両校が憲法記念日に全生徒登校して終日学ぶ意義はけだし大きいといえよう。しかも、③以下の設問に対して答えた生徒の記述は鋭く天皇制に切り込み、クールに見ていることを特記しておきたい。なお私は、日本（天皇）教キリスト派の問題を掘り下げ、現憲法の実体化こそわが国の生きる道と強調したのであった。

（機関紙「キリスト者遺族の会」149号　二〇〇四・四・一）

心に生きる　村上三佐保姉

後藤　まさ子（山梨平和遺族会）

我家の本棚に「おのが日をかぞふることを教へたまへ」と題された、分厚い本がある。故村上俊先生を偲んで編集されたものである。先生は太平洋戦争に応召、樺太で捕虜として重労働に従事中、倒木によって三六歳で生命を落とされた。キリストの証人であり、優れた学究であり、村上三佐保姉の夫君であられた。これが三佐保姉の反戦・平和活動の原点である。

毎年十二月に催された「千雪《ちせつ》講演会」は、この二人の存在なくしてはあり得なかった。戦争が罪の究極であることを示し、平和への悲願と、神の栄光があらわされ、福音が宣べ伝えられるために、多勢の人が手助けをしてきた。多勢の人、というのは一つのキーワードとなる。教え子、同窓会、教会、ＹＭＣＡやＹＷＣＡ他、いったいどれ程の人が彼女をとり囲んでいたのだろうか。しかも「自分は特別に目をかけられていた」としあわせな錯覚？　を起こさせるものがあったのだ。

キリスト者が信仰の表出としての反戦活動をすることは、現代では稀である。ロゴスとしてきちんとアピールできる人は更に少ない。三佐保姉の知性と関心は、晩年に至る迄衰えることはなかった。まさに驚異的であった。

私の脳裏から去らないのは、二・一一集会の後のデモ行進の時の姿である。普段は多弁な彼女が下を向き、黙して語ることなく、痛む足をひきずりながら、一歩また一歩と杖に頼って進んでいるのである。並んで一緒に歩きながら、ついその胸の内を思わずにはいられなかった。「とまらないで。活動を止めないでついて来て」と無言で語っているのだと、私は自己流に解釈し、以後弱気になる心を押さえて来た。

山梨平和遺族会は三佐保姉の奔走により出来た。具体的には人材がかき集められた。改革派、ルーテル派、キリスト教団、無教会、平和運動家、とこれまた多彩である。しかし亡くなる人が続き、今また代表を天に送った。彼女は名実共に、私達の支柱であった。

（機関紙「キリスト者遺族の会」149号　二〇〇四・四・一）

自民党の「改憲草案」を怒る――小川武満先生をしのんで

今村　嗣夫（会友、弁護士）

この季節、早起きして東の空を仰ぐと明けの明星がすぐ目につく。召天した小川武満先生が住んでいるかのような、その星の輝きをみつめていると、地上の「憲法改正」の動向に腹を立てている先生のあの懐かしい怒りの声が響いてくる。先生は僕ら以上に地上のことを深く心配されているのだ。以下は先生と生前親しく交わった弁護士との対談の要約としてお読みいただきたい。

憲法の意味

さて、先生は、昨年、二〇〇五年十一月に自民党が立党五〇周年記念大会で公表した「改憲草案」を読んでおられる。星には時間がたっぷりあるから、日常生活に追われて限られた時間しかない僕らの代わりに先生はこの草案をじっくり読んで、起草者たちの思想を見抜いておられる。

先生「この草案の前文に「日本国民は、帰属する国や社会を愛情と責任感と気概をもって自ら守る責務」があると定めているが、これは愛国心をもって祖国を守れ、滅私奉公せよと説教しているのだ。歴史を逆行させてる……けしからん」

弁護士「十三条では、個人の尊重も「公益及び公の秩序に反しない」限りで保障されるように定めている。国益を個人の尊重に優先させている。この草案の思想は、「全体」を個に優先させているのだ」

先生「一匹の羊と九九匹の羊の教えは、無限の創造者である神の前には量と数は問題ではない――「個」は全体に優先するという教えなのだ。この神の国の支配のあり方と、草案に表れた人の世の支配のあり方とは正反対なのだ……」

弁護士「憲法は個人の尊厳や思想、良心、信仰の自由をはじめとする国民の自由、人権を国家権力によって侵害されないことを保障する法――つまり「国家」権力を行使する者を縛る法であって、そこに憲法の意味がある。国民を縛る法ではない……」

先生「こんな国民を縛る草案は「憲法」とは言えないわけだ……」

弁護士「その通り」

先生は深くうなずかれ、今度は今の憲法の格調高い前文と改憲草案の短絡的な前文を見比べて一層激怒される。

平和的生存権

今の憲法前文は「日本国民は……政府の行為によつて再び戦争の惨禍が起ることのないやうにすることを決意し、ここに主権が国民に存することを宣言し、この憲法を確定する。」と定めているのに、草案の前文はこの一文を削り取っている。

先生「憲法は、戦争と戦争の惨禍は「政府の行為によって」起こるものだといっているわけだ。そして、日本国民は、再び政府の行為による戦争の惨禍が起こることのないように決意して平和憲法を制定したのに、この前文を消し去るということは、あの戦争を全く反省していない思想の表れじゃないか」

また、日本国憲法前文は「われらは、全世界の国民が、ひとしく恐怖と欠乏から免かれ、平和のうちに生存する権利を有することを確認」している。長沼事件の札幌地裁判決は「これは、この平和的生存権が、全世界の国民に共通する基本的人権そのものであることを宣言するものである」と判示している。草案はこの前文も削り取っている。

弁護士「国際社会では、今なお核兵器は抑止を口実に保有され、国内では、平和的生存権を消し去るような改憲草案が台頭している……」

先生「そして九条では「内閣総理大臣を最高指揮権者とする自衛軍を保持する」ことにしている。憲法で軍隊を保持できるとすれば、全世界の国民の平和的生存権が侵害されてもかえりみないことになる……」

弁護士「この改憲がなされれば、政府は侵略と植民地支配を反省しない憲法解釈・運用をすることになる」

政教分離原則

反ヤスクニ運動の先頭に立っていた先生が注視する草案二十条三項には、「国及び公共団体は、社会的儀礼又は習俗的行為の範囲を超える宗教的活動は……行ってはならない」と定めている。政教分離訴訟の判決をご存じの先生は、起草者に聴診器を当てその心音を鋭く読みとる。

先生「神式地鎮祭は〝習俗的行為〟だから国や公共団体が主催しても憲法違反にならないということにしたのだな」
弁護士「大嘗祭に知事が参加しても、それは象徴天皇の伝統的儀式への〝社会的儀礼〟としての参加だから政教分離原則に違反しないという最高裁判決もある」
先生「だから草案は社会的儀礼又は習俗的行為の範囲の宗教活動なら国やその機関が行っても政教分離原則に反しないと定めたわけか。これでは分離原則は一層なしくずしになってしまう。こんな改憲草案は絶対に阻止しなければいけない」
弁護士「今、差し迫った問題は、憲法改正の内容について国民の間で未だ議論が煮詰まっていないのだから、改憲手続きを定める立法の必要性がないのに、「憲法改正国民投票法」を作って改憲を容易にしようとする動きが加速されていることだ」
先生「先ず、その立法から阻止しなければいけない」
先生のメッセージをもとにした詩の一節を記してエピローグにしよう。

明けの明星

遺族たちのデモは今日も、反戦平和を訴えて通りをゆく。
だが、その声は報復好きな大統領の心のどこまで届いているのでしょう。
神さま、

しののめの空が誇らしげに抱いている明けの明星のように、
この時代に抗するひとりひとりを輝きつづけさせて下さい。

（機関紙「キリスト者遺族の会」156号　二〇〇六・四・一）

真にすばらしい国といえるのか

井上　健（会員）

私は「田母神論文問題」が報道されたときおおげさに聞こえるだろうが、「言葉の二・二六事件」との衝撃を受けた。これに関する新聞や雑誌を意欲的に、読み続け、彼の著書を購入して彼の主張を検証したいと考えた。平和遺族会の仲間に言うと「よく買って読む気になりますね」と言われてしまった。

彼の基本的主張はかつて何人かの閣僚たちが放言して問題化されて辞任に追い込まれたのとほぼ同質であろうが、自衛隊の最高幹部としては由々しき発言と心ある国民は受け止めた。自衛官たちがこのような歴史観で教育されている危惧を感じたのである。これは私的なグループでの懸賞論文だったので内々で処理可能であったのに、あえて公にして問題提起して世論に訴えたかったのだろうと思われる。国会での参院外交防衛委員会に参考人として招致させられたとき、私もテレビで見たが、堂々と論陣を張ろうとしたが、委員長にきちんとクギを刺された。彼としては不満で言論統制されたと言っている。「侵略国家ではない」「日本は素晴らしい国だ」という歴史観を披瀝したら航空幕僚長を解任させられたと述べている。いくつかの資料を用いて日本の過去を正当化しているように思われる。そこには弁解・弁明が見られて、不利になる事例や資料を無視しているように見られ、一貫しているのは「日本は決して悪いことをしない。悪いことをするはずがない」との自国本位の考えではないか。我々が率直に過去の「負」を認め、謝罪し反省する姿勢を「反日」と決めつけ、ひどいのは「売国奴」と罵る者もいる。戦前の軍歌に「天に代わりて敵を討つ！」というのがあった。何と傲慢な思想ではないか。彼はかつての日中戦争で日本軍が最初に無差別空爆をしたのは重慶であったことを知っているはずである。むろんこの事柄に触れていないし、そこの住民の悲しみや痛みは眼中にないように思われる。東京裁判は勝者が敗者を一方的に裁き、国民をマインド・コントロールしたと断定して、自虐的史観と批判している。「自虐」とは自分で自分をいじめることと国語辞典にはあるが、果たしてそうであろうか。成熟しているなら「自己制御」が認識出来るはずである。日本軍を支えた国民がそれを悔い改める機会と受け入れないのだろうか。あの裁判は確かに不備の点もあったにしろ、我が国にとって貴重な「歴史の教訓」になると思っているし、そうありたいと願っている。戦中に日本兵として参戦した朝鮮・台湾の戦没者を無理矢理、靖国神社に合祀するのでなく、遺族扶助料を支給すべきだったと私は死ぬまで痛みとして思い続けるだろう。

「田母神氏が自民党から出馬要請を受けた」とあり、彼自身が「私の元には電話、メール、手紙などで「現在の腐敗した政治を打破し、国を良くするために〝田母神新党〟を作ってください」という声も多く届いている」と言っていると報じている（「東京スポーツ」二〇〇九・一一・二四）。新党云々は別としても政界進出は十分有り得ると思われる。今年になって一見下火になったこの事柄が水面下で着実に波及しているように感じられて警戒したいものである。

「憲法論議」の季節を迎えることになる。先人たちがその時代の悪しき流れに抗したように我々も「キリストに従う小さき群れ」であり続けたい。

（機関紙「キリスト者遺族の会」167号　二〇〇九・四・一）

この年、教会は如何に歩むか――和解の福音に立って

関田　寛雄〈会友・牧師〉

主題は編集部から頂いたもので副題は筆者のものである。

「この年」を考える時すぐに心に浮かぶのは日本をめぐる危機的状況である。いわゆる竹島をめぐる日韓関係、そして特に高まる緊張は朝鮮民主主義人民共和国（朝鮮と略記する）の人工衛星発射に伴うミサイル技術の進化と核実験をめぐる日朝関係の問題である。今回は特にこの最後の日朝関係のもつ重大な危機に焦点を合わせて考えてみたい。

朝鮮を中心とする六者会談が途絶えて既に久しい。この間金正日の死去の前後、李明博の対朝鮮への強い対抗的姿勢もあって六者会談は冷えこみ、金正恩の登場と共に朝鮮の反米的姿勢はいよいよ高まっている。日本にとって朝鮮は拉致問題に連動して常に非難と制裁の対象となり、いわゆるミサイルと核実験によって今や日本人は恐怖と憎悪の感情と共に朝鮮を意識するに至っている。特に安倍政権は従来から朝鮮に対する政治的、経済的制裁処置を強めてきているし、マスコミも挙ってそれを煽り立てている現状である。

しかしここで朝鮮の立場に立って考えてみよう。一九五〇年に発した朝鮮戦争は翌五一年、板門店で一応休戦状態に落ち着いたが、中国人民義勇軍は引き揚げたものの、米軍は韓国に駐留し続け、毎年のように米韓合同軍事演習が続けられている。ターゲットは明らかに朝鮮であり、板門店は双方の緊張の現場である。

かつて朝鮮戦争の最中に米大統領トルーマンは原爆使用を示唆している。朝・韓は休戦とは言え臨戦状態であり、圧倒的に軍事力で優位に立つ米軍の脅威は朝鮮政府の一日も忘れる事の出来ない恐怖である。あまつさえ近代国家としての成長の機会もなく、国家と言えば天皇絶対主義の日本による植民地支配しかなかった朝鮮としては、日本の支配に代わる強力な独裁体制を求めるのはある意味で必然であったのではないか。金日成独裁政権の誕生は日本の朝鮮支配の構造をそのまま継承したとも言える。金正日、金正恩と続く独裁体制は日本の残した戦争責任にも関わることなのではなかろうか。

韓国の場合は、李承晩体制は学生蜂起による民主的革命が成功したが、その後朴正煕のクーデターによる独裁政権（彼も日本陸軍士官学校出身）は暗殺に終わり、続く全斗煥軍事政権は光州事件で二千人もの死者を出したが、学生やキリスト者を含む民主化闘争により瓦解、金大中大統領によって初めて近代国家としての韓国が成立したといえよう。とは言え米韓の癒着体制は依然として確立されており、経済的に立ち遅れている朝鮮としてはやはり経済発展よりは軍事力強化を急がざるを得ないのであって、それがミサイルや核実験へのこだわりとなっているといえよう。

さてそのような状況をふまえて日本の教会の歩みについて考えてみたい。日朝関係で先ず問題とされるのが拉致問題である。特に横田めぐみさんの母親がクリスチャンであることもあって日本の教会人は拉致問題に深い関心をもっているのであるが、それは同時に「北朝鮮」非難と連動している。第一次安倍内閣から始まった朝鮮バッシングは、拉致問題解決を公約の一つにしたのだが、その方法は万景望号（日朝間の唯一の客船）の入港停止を始めとし、在日朝鮮人の故国訪問の著しい制限となって在日市民を苦しめている。因みに拉致被害者の家族を支える会の有力支援者は殆ど「新しい歴史教科書を作る会」のメンバーで占められている。従ってこの会の運動は「大東亜戦争」を是《ぜ》とする歴史観に基づく政治活動と連動している事が明らかである。その余りの政治主義に抗議して元事務局長は脱会しその経緯を本にしている程である。また民主党政権時代に始まった高等学校無償化措置は、「国交がない」との理由で朝鮮高校だけ適用除外されて来た。そして最近第二次安倍内閣において文科省はミサイルや核実験を理由に「朝鮮高校に無償化措置は適用せず」と決定するまでに至っているし、それは更に地方自治体の私立学校援助金交付にも波紋を広げている。例えば神奈川県知事は朝鮮の核実験を契機に「県民の理解が得られない」などを理由として、県下の朝鮮学校への補助金打ち切りを決定した。国際人権規約やこどもの権利条約を批准している日本が、凡そ民族や国家の体制を越えて人間として受けるべき教育の権利に対してこのような差別的な決定をしてよいものであろうか。日本基督教団神奈川教区はこの県知事の決定に対し教区総会として抗議と補助金継続の要請の声明を採択した（二〇一三年二月二十三日）。筆者はこのような教会的アクションこそ現在求められている宣教の働きではないかと信じている。その根拠は神より委ねられている「和解の任務」（二コリント5-18）である。日本の政府もマスコミも挙げて朝鮮バッシングに狂奔している今日、想起させられるのは第二次大戦中のドイツ・ナチズムの下でのユダヤ人の事である。今や在日朝鮮人はこの時のユダヤ人の立場に追い込まれつつあるのではないか。この時キリストの教会が「和解の福音に立って」発言し行動しないならば、私たちキリスト者はかつての戦中の罪を再び犯すことになるのではないか。「地の塩、世の光」としての教会の本質を喪失してしまうことになるであろう。

今回は朝鮮及び在日朝鮮人の問題に集中したのであるが、苦しむ者と共にありたもう主イエスの福音に倣う時、オスプレイの強行配置や米軍の暴力、基地の危険に直面する沖縄の人々の重荷と苦悩とを放置する訳には行かない。日本基督教団は沖縄教区の合同の捉え直しの案件を葬り去ったが、合同問題の根底にある沖縄の貧しさと危険をそのままにしてよい筈がない。教会としての教団のふさわしいアクションを切に望むものである。十字架と復活の福音に与かり罪の赦しを得た者としては、改めて世の罪と闘う課題が与えられている。罪とは神に対する、また人に対する交わり拒否である。罪からの救いとは交わりの回復である。それこそが「和解の任務」に他ならない。それは「敵意」の克服であり（エフェソ2-14以下）、共に生きる道に他ならない。

（機関紙「キリスト者遺族の会」178号　二〇一三・四・一）

改めてアジアの視点に立って、靖国神社問題を考える

西川　重則（会員、第二代実行委員長）

1

「ついにここまで来たのか」、そんな思いがしたのは、次の一文を読み終わった時である。事柄の重大さを考え、全文を採録して参考に供したい。

自民党の高市早苗政調会長は五日、党本部であった日本遺族会主催の全国戦没者遺族大会で、「夏には靖国の森で、安倍晋三首相も多くの閣僚たちもご英霊に感謝の祈りを捧げられるよう、その日を楽しみに歩んで参りたい」と述べ、首相と閣僚は終戦記念日に靖国神社を参拝すべきだとの考えを示した。

安倍首相は「（前回の首相）在任中に参拝できなかったことは痛恨の極みであった」としつつ、参拝するかどうかについては明言を避けている。

以上は、「朝日新聞」（夕刊）、二〇一三年二月五日、火曜日の報道であるが、予想はしていたが大きな驚きを禁じ得ない出来事であった。

自民党本部の表玄関に、大きな字で、「自由民主党　新憲法制定推進本部」と書かれている掲示板を見ることができるが、同じ自民党本部で、今回は首相始め全閣僚に対する靖国神社参拝の要望がなされたのであ

る。

言うまでもなく、戦後体制（レジーム）からの脱却を主張する安倍首相在任の今、自民党の政調会長が首相・閣僚に対して、八月十五日に靖国神社参拝を要望したとしても不思議ではないかも知れない。発言の時を考えても、票田である日本遺族会に訴えることは十分にあり得ることである。

しかし、自民党の政調会長が靖国神社参拝を具体的に要望したことは決して小さな出来事ではない。昨年の八月十五日、靖国神社の境内で、「英霊にこたえる会」と日本会議が共催で大集会を開き、その日現安倍首相が出席しており、発言を求められたこと、そして、「声明」を朗読した主催者のひとりが参加者を前に、首相の参拝、天皇の御親拝、そして憲法改正の実現が記されているところを一段と声を大にして朗読したことを、私は忘れていない。

その出来事を、私は講演その他の機会に報告し、訴え続けていることは言うまでもない。靖国神社問題が再び最重大問題のひとつに位置づけられ、その解決を求める推進運動の実態を知らせ、改憲阻止と共に靖国神社公式参拝、国家護持を許さない論理と運動を展開すべきことは、私たちの最重要課題のひとつであるからである。

日本が中国を始めアジアに対して侵略・加害の歴史を繰り返した時、靖国神社が軍国主義の精神的支柱としての役割を担っていたことを知っている人であれば、戦後の靖国神社が本質的に変わることのない現状であることを併せて考え、共に訴えることが強く求められていることを強調しておきたい。

戦後の靖国神社にあって、有事法制下の靖国神社は避けられず、推進運動の立場から、靖国神社が有事法制下に留まらず、有事体制化の靖国神社になり得ること、そのことを願っていることも十分に考えておこう。改憲・国防（防衛）・教育を三つの柱とする推進派の運動にあって、国防（防衛）の役割を担っているのが靖国神社であること！　私たちは改めて、次のような憂いの発言がなされていることをゆめ忘れてはならないのである。

2

中国の重慶大爆撃問題で日本に対して提訴した被害者のひとり鄭友預さんが、東京地方裁判所に提訴の日（二〇〇六・三・三〇）、東京新聞の記者に後記のように答えている。私は支援のために「重慶大爆撃の被害者と連帯する会・東京」の事務局長であり、謝罪の旅の必要を痛感させられ、毎年クリスマス直後に訪中している。鄭さんと同じ思いを持っている方々と直接話し合うことができるようになったのは最近のことである。当然であるが、同じ戦没者遺族であっても、私たちは侵略・加害の日本人の戦没者遺族であり、出会った最初から和解・平和の思いで言葉を交わせない戦争の惨禍の体験を強いられた戦没者遺族として、私に対して、憎しみを心に抱いての発言であったこと、しかし毎年謝罪の旅を続け、侵略・加害の事実を認め、心から謝罪をする私に対し、段々憎しみから和解へ、そして平和の思いから握手をして下さるようになったことを報告しておきたい。

「平和学」の専門の学者が、平和とは共に生きることであるとの思いを述べておられるのを認め、私は重慶での体験から、「平和とは加害者と被害者とが共に生きることである」と思い、その核心を行動によって表明する努力が必要であることを訴えている。以下に見るように、鄭さんの発言はまさにそのような思いを被害者の立場から発言された言葉であった。感動すべき歴史的名言である。東京新聞の記者がありのままに報道されたことに心から感謝し、鄭さんの発言に耳を傾けてみよう。記者のレポートであるが、長文を承知でその要旨を報告しよう。

気持ちのなかでは、今も戦争は終わっていない。一九四〇年五月二十六日、日本軍の飛行機が投下した爆弾が、父の菓子店に落ちた。全身血だらけで死亡している父が見つかった。少年のころから、歴史の真実と正義について考え続けた。

重慶の自宅のテレビで、靖国神社に参拝する小泉純一郎首相を見るようになった。「父を殺した人間を首相が参拝するとは。我々の気持ちを踏みにじる行為をいつまで続けるのか」「多くの仲間の気持ちを代弁するためにも、日本に行きたかった」と話す鄭さん。法廷では「日本人は歴史と向き合ってほしい。日本人と中国人が心の底から手を取り合うために」と訴えるつもりだ。

父を失った鄭さんが「今も戦争は終わっていない」と思いながら、歴史と向き合ってと、私たち日本人に訴える思いを私も共有し、加害者と被害者とが共に生きることができるために、不可欠の要件である日本人の謝罪の思いを持ち続けることを改めて望みたい。そのためにこそ、鄭さんの告白、「父を殺した人間を首相が参拝するとは。我々の気持ちを踏みにじる行為をいつまで続けるのか」との発言を、靖国神社参拝を推進しようとしている人々に届けたいものである。

ともあれ、今年の八月十五日を前に、首相始め全閣僚の参拝を要望する為政者、推進運動の人々が鄭さんを始めとする被害者の立場からの心からの訴えを私たちと同様に心に刻んで欲しい。

そして靖国神社法案第一回提出の日（一九六九・六・三〇）を忘れず、戦後六八年の厳しい政治状況を直視し、アジアの視点に立った靖国神社問題の解決に励むべきことを述べて終わりたい。

（機関紙「キリスト者遺族の会」178号　二〇一三・四・一）

平和の道具として――六角橋教会の歩みから

加山　真路（会友、牧師）

六角橋教会とキリスト者遺族の会をつなぐ存在、それが石崎キクさんです。じつはあさって二十八日が命日。石崎さんが突然天に召されて丸一年の節目を思い、石崎さんを記念して少しお話させていただきます。六角橋教会で石崎さんと言えば、「靖国問題を考える会」の中心メンバーでした。発足したのは一九七五年。キリスト者遺族の会で石崎さんが学んできたことを、教会の有志が教えてもらうという形で始まりました。そしてこれが、当教会の平和を求める歩みの原点となりました。キリスト者遺族の会との関係も深く、四〇年間続く「八月の集会〝平和を考える〟」の記念すべき第一回目講師は、誰であろう、小川武満先生でした。

石崎さんと言えば、思い出すのは八・一五集会、あの平和行進のシュプレヒコール。あの小さな体のどこからあんな声が出るのかと、最初は衝撃を受けました。でも、本当に心に深く留まったのは、デモ行進の後の姿。武道館の前で、道行く日本遺族会の人たちにパンフレットを配るのですが、その思いをこう教えてくれました。「遺族から遺族へ。同じ痛みを持つ遺族同士だから通じることもあるでしょうから」と静かに、でもきっぱりおっしゃっていました。私は私にできることを見つけました。デモ行進後は靖国神社参拝、いえ訪問です。一年に一度あんなふうに息を吹き返す様子を体感し、ちゃんと心に刻みつけようと思ったのです。

　平和運動と言うと、つい声高になります。でも石崎さんはその正反対でした。ていねいで低姿勢。言ってみれば「平和の作法」。これが石崎さんから学んだ一番大切なことです。どのようにして平和を伝えていくか。それを石崎さんはふだんのお暮しの中で実践していました。

　そんな石崎さんを囲む有志の会が「靖国問題を考える会」でした。多岐にわたる戦争と平和の問題を「靖国」という一点にこだわって、石崎さんは仲間たちと考え続けました。この会は三重の円でできていました。まず一つ目は石崎さんとキリスト者遺族の会。二つ目が教会の有志たち。でもこの外には、もう少しゆるやかな三つ目の円がありました。それは、教会員です。学習会に参加したり、プリントに寄稿した人たちです。「え、靖国⁉」「教会が政治問題に関わるなんて」と思う方たちまで、いつの間にか巻き込まれている。そんな引力を持っていました。それは、石崎さんがそういう方たちに「こういう問題があるんです。一緒に考えてみませんか」とひるむことなく、倦むことなく呼びかけ続けたからです。

　じつはこの三つの円、じつは同じ中心を持つ同心円なんです。その真ん中にあるもの、それが信仰であり、神様でした。具体的には、聖書（み言葉）を真ん中において、そこから平和を考える。み言葉に養われた目で、靖国のこと、そして平和を考えるという姿勢です。それが三重の円を串刺しにしているのです。そういう基本姿勢が、靖国問題を考える会で養われ、今もこの教会の礎になっています。その結果、石崎さんを直接手伝う人、関心を寄せる人、遠くから見守る人、いろんな人たちが、三つの円の中を行ったり来たりすることができた。これも幸いでした。直接手伝っていた人が忙しくなって、一歩退く。遠くからしか見てなかった人が、いつの間にか関心を深め、手伝うようになっていたりする。そんな循環も生まれました。

ただ、石崎さんが間もなく九十歳にならんとするときに、靖国問題を考える会は三二年にわたる活動を終えました。高齢化・固定化の波に勝てなかったからです。でも石崎さんは、この活動を教会として引き継いでほしいと願いました。それに応える形で生まれたのが、現在の「平和を考える会」なのです。その土台は「靖国の精神」。靖国神社の、ではありません。靖国問題を考える会の精神です。み言葉に養われた目で政治を、社会を見る。そして平和を考えるという、石崎さんの姿勢です。

そもそも聖書は「平和の聖典」と呼べるほど、平和について深く、幅広く考えています。「シャローム」とは、日常的あいさつから心の平安、対立の仲裁や和解、社会の安定や戦争のない状態、国の繁栄、そして救い・神の国の到来まで意味する幅広い言葉です。このシャローム（平和）を軸に、靖国問題を考える会以上に、多様なテーマを扱いながら、つまり、基地問題や憲法などの王道から、音楽・環境問題、国際協力、将来は経済・医療まで硬軟取り混ぜながら考えていこうというのが、今の平和を考える会の特徴です。

石崎さんが「靖国神社問題」という一点に立ち、その足元を深めたのに対して、平和を考える会は幅を広げることを選びました。しかし、幅を広げると目移りばかりして、どこかにふらふらっと行ってしまうという心もとなさがあります。そこで聖書の出番なのです。その年のテーマが選ばれると、主題聖句を考えます。たとえば、二〇〇八年は「平和の証し人」という年間テーマが定められ、元ひめゆり学徒隊の吉村秀子さんという方を集会にお招きしました。核となる主題聖句は「平和を尋ね求め、追い求めよ」（詩編34-15）。私たち一人一人が平和の証人となるためにどうしたらいいかと、一年間いろいろな角度から考え続けました。その際、一方的な主張を声高に叫び続けるのではなく、石崎さんのように相手に伝わる言葉を探し、静かに、しかし地道に息長く、何よりもていねいに呼びかけ続ける「平和の作法」。これによって対立を対話に変えていくことが、聖書の求める「平和の証し人」だと考えました。

開会礼拝でお読みしたのは「ナルドの香油」のお話です。《世界中どこでも、福音が宣べ伝えられる所では、この人のしたことも記念として語り伝えられるだろう》という有名な言葉（マルコ14－9）があります。記念の「記」とは、木や石などの硬い物に傷をつけること。「念」は、「心」の上に「今」と書いて、心に蓄をすること。どちらも、大切なものを忘れないようにすることです。形が変わっても、意志をちゃんと引き継ぐこと、つまり「意味の継承」です。信仰はそうやって二〇〇〇年もの間、営々と紡がれてきました。それと同じように平和への思い、それも聖書に込められた平和への思いも、石崎さんと言う一人の女性の姿を通して、私たちの教会ではこれからも記念され続けるでしょう。（日本基督教団六角橋教会主任牧師）

（機関紙「キリスト者遺族の会」182号　二〇一四・八・一）

次世代に言い遺したいこと

西川　重則（会員、第二代実行委員長）

1

戦後七一年の今年は、戦後の中で最も重大な年であることを知らされている私にとって沈黙は許されない。ひとりの日本人であると同時に、アジアに対して侵略・加害の歴史の事実を否定できないだけに、「今、是非言っておきたい事」は多くある。

ここで私が学び、知っていること、「伝えたい事」は数えきれないと言っても決して言い過ぎではない。しかしここですべてを報告することはできない。そこでいつものことながら、日本が長きにわたって侵略・加害の歴史をくり返したことを冷静に認め、伝えておきたいこと、より若い人々のためにどうしても報告し、伝えておきたい、若い世代の方々がぜひ学んで欲しいと思い、心から願っている事柄のいくつかを選び、若い世代の方々が自ら学び、学んだ事柄を、より若い方々にも同じように伝えて欲しいと考えていることを遺言のつもりで報告しておきたい。

言うまでもなく、日本は戦前・戦中にあって、近代国家として、独立国家日本になろうとして、さまざまな手法を考え、独立国家となろうと努力したことは歴史的事実である。

たとえば靖国神社の成立過程を考えても近代国家日本としての試みであったことは誰も否定できないであろう。ご承知のことであるが、一八六九年六月二十九日、東京招魂社を創建したが、当時の日本人が招魂という意味をよく理解したとは思われなかった。そこで一〇年後の一八七九年の六月四日に、東京招魂社を「靖国神社」と改称した。「靖国」とは国を安んずる、国を平和な国にするという意味を考え、時の天皇は「天皇の神社靖国」の意味を重要視し、「靖国神社」と今日に至るほどの名称変更をおこなった。この靖国神社という名称を戦後七一年の今も多くの日本人は疑うことなく、天皇の神社靖国として参拝をし、天皇のためにいのちを捧げたことを当然視し、「英霊」尊崇の対象として、「神々の思想」を何ら疑うことなく靖国神社参拝をくり返している。

毎年八月十五日の敗戦の日、靖国神社に近い日本武道館で国が主催で行われる戦没者の追悼式に参加するために多くの戦没者遺族が来られるが、その中のこれまた多くの遺族は、靖国神社に参拝するための追悼式参加であることは、周知の事実となっている。

そうした現状に私たちは、決して無関心であってはならない。戦後私が中国の名の知れた大学などに招かれて、講演をしたことがあるが、その時に聞いた中国の戦没者遺族のことばが忘れられない。たとえば遠い、遠い重慶その他の都市の住民が日本の戦略無差別大爆撃の犠牲になったという事実を、改めて突きつけられたからである。これは日本の侵略・加害の歴史であるが、その事実をきちんと認識せず、日中戦争を今日に至る迄、自衛戦争だったと思っている。肉親の戦死情報を受け取った遺族が、肉親の死を思って靖国神社に参拝しただけでなく、七〇年経った今日に至るまで、靖国神社参拝を続けている。遺族たちは、「英霊」尊崇に何の疑問も持たないまま、八月十五日の集会に併せて、靖国神社参拝をくり返している。これについて中国人の戦没者遺族の一人が、「父を殺した人間を首相が参拝するとは。われわれの気持ちを踏みにじる行為をいつまで続けるのか」と公言された怒りの発言を、私は忘れることができない。

右の発言は、私たち日本人が心から重要視して欲しい発言である。その発言は、東京新聞（二〇〇六・三・三〇）の夕刊に掲載された貴重な発言であり、提言であることを強調しておきたい。

2

私たちは日本人であり、同じ戦没者遺族として、日本の人々に右の発言・提言の意味を正確かつ誠実に「伝える」責任と課題があることをここに記すことは想像以上に大きな意味、今日的意味を持っていることを改めて強調しておきたい。

言うまでもなく、敗戦後靖国神社は外国から靖国神社の存在そのものが否定されることが有りうる厳しい状況であった。そのような状況にあった靖国神社が戦後七一年の今日まで存在することが許されたのはそれなりの日本の歴史にあって、日本人特有の願いがあったことを私は知らされている。

そして今日にあって、安倍内閣にあって、首相を始め閣僚はもちろんのこと、推進運動団体と知られている「日本会議」や「英霊にこたえる会」その他の諸集団が靖国神社の歴史的・今日的存在の価値を公言し、当の靖国神社も、たとえば一九七八年十月十七日に、いわゆるA級戦犯と言われる東条英機らを「昭和の殉難者」と位置づけ、靖国神社参拝の対象とし、今日に至っている。

より率直に言えば、安倍内閣によって強行採決されたいわゆる「戦争法案」を成立させる、真夜中の出来事（二〇一五・九・一九）を私はその日の真夜中の成立過程に直面させられた者である。

この異例の体験者となった私、一九九九年の通常国会から休むことなく国会傍聴を続けてきた私は、日本国憲法の「前文」、本文、特に第九条、第十三条、第十九条、第二十条、第九十六条、第九十九条など、普遍的価値を持っている日本国憲法の条文を無視し、学ぼうともしない自民党・政府による「日本国憲法改正草案」（二〇一二・四・二七、決定）という戦後最悪の憲法改正草案を今年の参院選挙の後に、日本国憲法として成立させようとする厳しい政治状況を主権者・有権者に緊急に知らせ、戦争反対・憲法改正（改悪）阻止の大運動を展開し、可能な限り、アジアの国々と共なる連帯をも共有する働きをする緊急かつ不可避の課題を心に刻むべき秋《とき》であることを「伝える」私たちであることを述べて終りたい。

（機関紙「キリスト者遺族の会」186号〈最終号〉二〇一六・三・二八）

あとがきにかえて

本書は、第一部として、二〇二一年三月の木村庸五氏による西川重則追悼講演と、一二月の吉馴明子によるキリスト者遺族の会を締めくくる講演、そして第二部として、五〇年の間に本会から出された「宣言」・「声明」や、その時々の出来事や問題を取り上げての評論、遺族としての体験・回顧談・随想・決意、さらには、叫びまでを、本会発行の文集『石は叫ぶ』五冊と、機関紙『キリスト者遺族の会』（1～186号）とから選び収めたものである。

年表を見返しながら、そうだったなぁと思い起こしたことがある。発会直後から遺族の会として行った「霊璽簿記名抹消要求」のことである。最初は一九六九年八月十五日に、角田三郎牧師、小川武満牧師、島崎貞さん、藤川溪子さんらが靖国神社社務所へ出かけて、神社の責任者である池田権宮司との間で話合いが行われた。私たちの側からは、戦没者の「母」である島崎貞さんが「人間が神として祀られるということは、自分の良心からして非常に心苦しいから、早く霊璽簿から抹消してほしい」と言われた。その凛とした姿に驚きと敬意をおぼえた。

これに対して、池田権宮司は、「靖国神社は、明治天皇の「一人残らず戦死者を祭るように。いつまでも国民に崇敬されるような施設（神社）を作れ」との聖旨によって創建されたのであるから、遺族や第三者の「祭ってくれ、祭ってくれるな」というような要求は断らざるを得ない」と言った。「祭ってやってるのだぞ」といわんばかりの態度で、戦没者の「遺徳をしのび」、私たち戦没者遺族たちを「慰め」ようとしているとは、到底思えない言葉であった。実際、角田三郎牧師は「国は戦争で奪い去った子供の肉体で足りず、その魂までも管理しようというのか」と口吻を漏らしている。あんな所に父はいない！という遺児としての私の気持ちを端的に表すのは、「慰霊は各自の信仰で！」という主張であって、この抹消要求は、一九八三年の第五回まで続いた。

「靖国神社」といえば、兵士が出征して行き、還るところとされる。だがそんな場所はないに越したことがない。私たちは「戦争を憎み、平和を希います」。そうは言っても、戦地へと送られた兵士は戦わざるを得ない。一九七八年八月に政教分離の会などとの共催で「アジア証言集会」が行われた。李仁夏牧師は、旧台湾、朝鮮出身の「英霊」が五万ちかくも靖国神社に祀られているが、彼らの遺族たちは「一八〇〇万のアジア同胞殺戮に加担した罪責にさいなまれている」と訴えた。また私たちキリスト者遺族の会の初代委員長を務められた小川武満牧師は、北京陸軍病院軍医の経験を踏まえて訴えた。日本軍の兵士たちがその地の民衆と兵士を「殺し、犯し、奪った」加害者であることを忘れず、「深い悲しみと悔恨を持って」「再びこのようなことをくり返さないように」と。それは私たちのような敗戦前後に生まれた「戦争を知らない子供たち」の想像を超えた厳しく重い言葉だった。

こうして一九八〇年代に入るとヤスクニ反対運動は「アジアからの視点」を持つようになり、西川重則委員長はそれを日中戦争における「戦没者はアジアに対する加害者」であるから、「遺族もその責任を負って謝罪しなければならない」という言葉で言い表すようになった。本書第一部の吉馴による講演「ヤスクニ反対五〇年を顧みて」は、この問いかけに対する応答の一つである。李仁夏牧師の訴えにはほとんど応え得なかったのではないかと、内心忸怩たるものがある。拙い歩みではあったが、共に考え、声を挙げ、活動してきた会員の方々、また活動に関心を持って声を懸けてくれた恵泉女学園大学の同僚たち、木村庸五君の呼びかけに応えて集まってくれた「戦後民主主義」の申し子である神戸高校時代の友人たちと共に、これからも戦争体験を継承し、平和へ向けて一歩一歩歩み続けたい。

最後に、この本の出版を促してくれた丸山眞男ゼミで育った研究仲間の平石直昭さんたち、かつてＩＣＵで机を並べて有馬龍夫先生による「日本政治思想」（その頃の授業については有馬龍夫『対欧米外交の追憶』上〈藤原書店　二〇一五年〉四七～五一頁参照）の学びを共にし、編集と出版を引き受けてくれた刀水書房の中村文江さんに心からの感謝を申し上げる。

二〇二三年七月七日

キリスト者遺族の会世話人代表　吉馴　明子

2015	2.26	2.26 集会：3 月 14 日の政教分離の会講演会（講演：篠ケ瀬祐司）に協賛とする
	5.2	総会：遺族の老齢化で実行力不足のため 2015 年度末での解散を決議。2016 年春に次世代へのメッセージも含めて，機関紙「キリスト者遺族の会」最終号をだすこととした
	9.26	9.18 集会：講演「靖国神社問題と私―信教の自由とは」（吉馴明子），「キリスト者遺族の会の目指したもの―今後の課題を考える」（西川重則）
2016	3.28	機関紙「キリスト者遺族の会」186 号（最終号）発行
	5.28	総会：2.26 集会と 9.18 集会の年 2 回の学習会を中心に活動を存続する。但し，会費徴収は本年度から廃止。実行委員会も終了（世話人：西川重則，塩田明子，北川裕明，坂内宗男，星出卓也）
	9.3	9.18 集会「戦争と平和フィールドワーク―国会・皇居・靖国神社」（ガイド：西川重則）
2017	3.4	2.26 集会：講演「教科書問題と日本会議に通底するもの」（俵義文），「2・26 事件と今」（西川重則）
	10.7	9.18 集会：講演「宣教師が見た満州国」（渡辺祐子）
		（井上健 1 月末召天）
2018	2.24	2.26 集会：講演「象徴天皇制―何が問題か」（鈴木裕子）
	9.22	9.18 集会「遺族たちの悲憤―忘れられない記憶」（証言者：熊田郁子，西川重則）
2019	2.26	2.26 集会：講演「天皇の戦争責任のゆくえ―天皇の代替わりに際して」（三浦永光）
	9.28	9.18 集会：講演「天皇代替わりと改憲問題―天皇と 9 条改憲のきわめて深い関係」（稲正樹）
		（西川重則 6 月 23 日入院）
2020	2.29	2.26 集会：講演「知られざる自衛隊軍事配備―自衛隊の南西シフト」（小西誠）
	9.18	9.18 集会：コロナ禍のため開催せず
		（西川重則 7 月 23 日召天）
2021	8.15	記念誌発行『非戦の思想を受けつぐ―西川重則氏と共に歩んで』 3 月 4 日に行われた集会「西川重則氏から受け継いだこと」を元に，会として西川重則氏を追悼し，同氏のヤスクニ反対運動をたどる記念誌をまとめ，発行した。集会の主講演「西川重則氏から受け継いだこと」（木村庸五）及び，多くの遺族の会のメンバーが，文を寄せている
	9.18	9.18 集会：コロナ禍のために延期となる
	12.6	矯風会創立 135 周年記念集会――延期された上記 9.18 集会の講演をここで行った。 講演①「戦時下の矯風会」（川野安子：日本キリスト教婦人矯風会前理事長） 講演②「戦争体験を継承し非戦を望む」（吉馴明子：キリスト者遺族の会世話人代表） 〈矯風会館〉 この集会を以て，キリスト者遺族の会は幕を下ろした

2006	2.26	2.26 集会：ビデオ「生きてこそ日本―1931 ～ 37」を見て
	4.29	総会：講演「今なぜ「昭和の日」なのか」（西川重則）
	9.16	9.18 集会「昭和天皇の「勅語」の批判的検証」（月村順一）
		（西川重則，重慶訪問）
		（湯川貞子，中川晶輝，中川正子召天）
2007		（事務所，杉並区井上健宅へ）
	2.24	2.26 集会「ゆがめられた愛国心にならないために」（山下廣）
	4.29 ～ 30	講演「「昭和の日」とは何か」（西川重則）。総会，中川正子さんを偲ぶ会
	9.18	9.18 集会「「軍隊と慰安婦」に関わる証言」（松本栄好）
		（溝口正召天）
2008	2.23	2.26 集会「フィールドワーク 2・26 事件」，「2・26 事件から 72 年の今を考える」（西川重則）
	4.29	総会：講演「歴史は消えない―中国・沖縄・ハワイ…昭和天皇」（西川重則）（坂内宗男実行委員に加わり，会計担当に）
	9.6	9.18 集会「9・18 事変から今日の課題を考える」（内田保彦）
2009	4.29	総会：公開学習会「昭和の日とは何か」（西川重則），『有事法制下の靖国神社』を読んで （北川裕明）
	9.22	9.18 集会「9・18 事件の今日的意味」（レポーター：坂内宗男）
2010	5.8	総会：講演「天皇の国事行為を考える―天皇の政治利用―」（西川重則）
	9.19	9.18 集会「9・18 事件について」（塩田明子が NHKvideo「昭和史」を用いて発表）
2011	2.26	2.26 集会「戒厳令下の暗黒裁判」（レポーター：小川正明，コメント：西川重則）
	5.5	総会：講演「国民こぞってお祝いする「昭和の日」」（西川重則）
	9.1	9.18 集会「フィールドワーク & 懇談：靖国神社・遊就館見学―誰のため，何のための靖国神社か―」（発題：西川重則「靖国神社の平和思想を問う」）
2012	2.24 ～ 25	2.26 集会：2・26 事件資料館（光風荘），重光葵記念館探訪，レポート「憲法改悪の動き」（西川重則）
	5.12	総会：講演「植民地政策のなかの靖国神社―キリスト者の戦争責任との関連で」（吉馴（塩田）明子），「憲法審査会の現況」（西川重則）
	9.18	9.18 集会：講演「日本人による「満州伝道」とは何だったのか」（渡辺祐子）
		（森岡巌 3 月 7 日召天，角田三郎 7 月 23 日召天）
2013	2.26	2.26 集会（矯風会と共催）：講演「1936「2・26 事件」と私たちの課題―政党の崩壊を問う」（西川重則）
	4.27	総会：安倍内閣と国会議員集団参拝に対する「靖国神社参拝に対する抗議声明」
	9.18	9.18 集会（流会：講演「靖国問題と中国」（楊志輝））
2014	4.26	総会〈六角橋教会〉：講演「平和の道具として～六角橋教会の歩みから」（加山真路），懇談「石崎キクさんを偲び，六角橋教会での「靖国問題を考える会」について」
	9.18	9.18 集会：講演「今に残る日本軍細菌戦による傷痕」（聶莉莉―湖南省常徳への「ペスト」細菌投下戦，地域社会の崩壊，「国家」の非対応）

1999	8.15	［平全連］8.15 平和行動「憲法を活かし，武力によらない平和と共生の道を歩もう！」（山内敏弘・西川重則）〈全水道会館〉	5.24	「新ガイドライン関連３法」成立
			6.11	「国旗・国歌法案」国会に提出
			6.17	第 145 回通常国会の会期を 57 日間延長決定（→ 8.13 まで）
	9.18	9.18 集会「昭和館を問う」，午後昭和館見学	7.29	憲法審査会を設置する「改正国会法」成立（設置は 2000.1.20）
	11.27	遺族文集『石は叫ぶ―30 周年記念』発行	8.6	野中官房長官，靖国神社の A 級戦犯の分祀，特殊法人化など発言
			8.9	「国旗・国歌法」成立
			8.11 ～ 12	参院本会議，徹夜国会「組織的犯罪対策法」および「改正住民基本台帳法」成立
			8.18	通信傍受法公布
			9.27	神奈川即位・大嘗祭訴訟，横浜地裁合憲判決
			10.21	箕面補助金訴訟，最高裁合憲判決

キリスト者遺族の会 50 年史年表（その３：2000 年～ 2021 年）

年		
2000	2.26	2.26 集会「有事法制下にあって「2・26 事件」を学ぶ」（西川重則）
	9.23	定期総会
2001	4.28	定期総会
	9.18	9.18 集会 「9･18（満州事変 70 年）に学ぶ」（内田保彦）
2002	2.26	2.26 集会「2･26 事件と今日の状況」（三吉明・西川重則）
	4.29	定期総会「地域で生きる」（浦部頼子）。以下総会での決議内容：原発建設反対，小泉首相靖国参拝反対訴訟提訴，平和ウォーク（9.11 連繋反対？）2.11 集会，中谷訴訟（護国神社合祀取り下げ要求）継続
	9.18	9.18 集会「歴史に学ぶ」（下田洋一）
2003	2.26	2.26 集会（靖国神社前集合）遊就館見学後，懇談「「新遊就館」について考える」
	4.26	定期総会
	9.18	9.18 集会「有事は作られる」（小川正明）
		（小川武満牧師 12 月 14 日召天）
2004	2.28	2.26 集会：新遊就館見学と講演「侵略戦争に道を開いた「2・26 事件」」（西川重則）
	4.24	定期総会，小川武満先生召天記念集会
	9.18	9.18 集会「侵略加担者として 9・18 事件を学ぶ」（田上中）
2005	2.26	2.26 集会：埼玉県平和資料館見学
	7.24 ～ 25	総会〈松本・塩尻〉「戦後 60 年と私たちの課題」（西川重則），無言館見学〈上田〉（案内：島津晃）
	9.17	9.18 集会「教科書問題における 9・18」（西村久男）

1997			10.10	非政府組織（NGO）の「地雷禁止キャンペーン」（ICBL）とその世話人のジョディ・ウィリアムズにノーベル平和賞
			12.18	韓国の大統領選で野党・国民党の金大中が当選
			12.21	米軍普天間飛行場返還に伴う代替海上航空基地建設の是非を問う住民投票が名護市であり，反対票52.86％に。24日市長が受け入れと辞職を表明
1998	2.26	2.26集会「昭和期日本の構造―2.26事件とその時代を読む」（北川裕明）〈矯風会館〉	1.14	米軍普天間飛行場返還に伴う海上航空基地建設問題で大田知事は「反対」を明言
	4.26	定期総会「来年度の30周年記念事業［講演会・記念誌・機関紙復刻版］の準備に集中すること」を確認〈矯風会館〉	3.19	特定非営利活動促進法案（NPO法案）が衆院本会議で可決，成立
			4.27	民主・民政・新党友愛・民主改革連合の四党合流して新「民主党」を結成，代表は菅直人
	6.13	春季研修会「合祀拒否　中谷訴訟最高裁不当判決10周年抗議集会」に合流〈山口労福会館〉	4.27	韓国人元従軍慰安婦訴訟で山口地裁下関支部が3人に30万円支払えとの判決
	7.7	［平全連］7.7集会―「東京裁判を問い直す―何が裁かれ，何が裁かれなかったのか」（内海愛子）〈渋谷区勤労福祉会館〉	7.12	参院選，自民党改選議席61を下回る45で惨敗，民主18→27，共産6→15と躍進
	8.15	［平全連］「戦争協力にノー！　武力によらない平和を！　8.15平和行動」（水島朝穂・西川重則）〈全水道会館〉	7.30	小渕恵三内閣成立
	9.18	9.18集会「日中侵略戦争と9.18」侵略思想はいまなお（中山弘正）〈矯風会館〉	8.31	防衛庁は「北朝鮮が弾道ミサイルを発射し，三陸沖の太平洋に着弾した可能性」と発表。9.4北朝鮮，人工衛星打ち上げに成功と発表。9.11アメリカは「人工衛星を軌道に乗せようとして失敗」との見解
			10.7	金大中韓国大統領が来日。小渕首相との共同声明に署名，過去の植民地支配への反省とおわびを表明
			11.15	沖縄県知事選で米軍普天間の代替基地県内移設を公約にした稲嶺恵一が大田昌秀を破り当選
1999	2.26	2.26集会「いま，2.26事件を考える」（岡本不二夫）〈矯風会館〉	2.28	広島・世羅高校長「日の丸・君が代」問題で自殺
	4.24	定期総会	3.2	野中広務官房長官「日の丸」「君が代」の法制化を表明
	6.13	30周年記念講演会（石崎キク・松浦基之・内海愛子）〈教団会議室〉	3.8	中村正三郎法相憲法批判発言などで辞任
	7.6	「戦争協力にかわる平和と共生の道を歩もう―平和運動のこれからを考えるシンポジウム」［平全連］（パネリスト＝吉田康彦・新倉裕史・西川重則）	3.24	東京即位・大嘗祭訴訟東京地裁合憲判決
			3.27	「昭和館」オープン

1995			12.8	改正宗教法人法，参院本会議で可決
			12.14	政府がオウム真理教に破防法適用を決定
1996	2.24	2.26 集会「2.26 事件と天皇の軍隊」（増沢喜千郎・津崎公子）〈矯風会館〉	1.5	第 1 次橋本龍太郎内閣成立
			1.19	社会党が「社会民主党」と改称
	4.28 ～ 29	春季研修会「平和を創り出すために」（森野善右衛門）〈戸山サンライズ〉	3.31	沖縄読谷村の米軍楚辺通信所の一部用地で国と地主の知花昌一氏の賃貸借契約が切れ，4.1 以後国の「不法占拠状態」になる
	4.29	定期総会「［平全連］10 周年にあたって，50 年声明を基本方針とする」提案	9.8	米軍基地の整理・縮小と日米地位協定の賛否を問う沖縄県民投票で賛成票が 89％を超える。米軍用地の強制使用に必要な「公告・縦覧」手続きの代行を 9.13 大田知事が応諾
	9.17	9.18 集会「いま，1931・9・18 は何なのか」（小林晃・北川裕明）〈矯風会館〉		
	11.22 ～ 23	秋季研修会（群馬平和遺族会と共催）「アジアから問われているもの―私たちはどうこたえなければならないか」（西川重則・関充明）〈群馬青少年会館〉	9.10	国連総会で核爆発を伴うあらゆる核実験を禁止する包括的核実験禁止条約（CTBT）を採択
			10.20	総選挙（小選挙区比例代表並立制による初の選挙）自民復調　新進後退　共産躍進　社民・さきがけ惨敗　投票率最低
			12.17	ペルーの首都リマで日本大使公邸をゲリラが襲撃。天皇誕生日を祝うレセプションに出席中の外交団や在留邦人約 600 人を監禁。その後人質を次々に解放。97.4.22 特殊部隊が突入。残った人質 71 人を救出
1997	2.25	2.26 集会「日本の軍隊と自衛隊を考える」（小池創造・井上健）〈矯風会館〉	1.31	公安審査委員会が公安調査庁から請求されていたオウム真理教への破防法適用を棄却
	4.28 ～ 29	春季研修会「憲法に生きる―制憲 50 年を迎えて」（溝口正）〈戸山サンライズ〉全員で憲法前文を輪読した	4.2	愛媛玉ぐし料訴訟で最高裁が「支出は政教分離の原則に反し違憲」と二審を破棄して，県に玉ぐし料の返還を命じる
	4.29	定期総会	4.17	沖縄の米軍基地用地を使用期限切れ後も合法的に使えるようにする改正駐留軍用地特別措置法が成立
	9.18	9.18 集会「石橋湛山の思想に学ぶ」（坂内宗男）〈矯風会館〉		
	11.23 ～ 24	秋季研修会（静岡西部地区平和遺族会と共催）「新ガイドラインと私達の課題」（西川重則）「日米安保の中の AWACS」（小池善之）〈サン・ビーチ浜松〉	7.1	香港が英国から中国に返還
			8.29	家永教科書裁判第三次訴訟最高裁判決，「七三一部隊」関係記述の全文削除を求めた意見に違法と認定
			9.23	日米両政府は「新しい日米防衛協力のための指針」に合意

1994	2.26	2.26 集会「15 年戦争と 2.26 事件─陸軍大臣告示の意味するもの」(西川重則)〈信濃町教会〉	4.28	羽田孜内閣成立
	4.28～29	春季研修会「歴史的現在をどう生きるか」(弓削達)〈日本カトリック会館〉	5.7	インタビューで「南京大虐殺はでっち上げ」と発言した永野茂門法相が辞任
	4.29	定期総会　規約一部改正 《組織》─「ただし，会友は，本会の議決に加わることはできない。」との部分を削除する	6.30	村山富市内閣成立
	9.18	9.18 集会「『朝日新聞と満州事変』を読んで」(西川重則)	7.20	箕面補助金訴訟，大阪高裁合憲判決
	11.3	東京探訪Ⅰ（ガイド＝西川重則）	7.20	村山首相国会質問に「自衛隊・日米安保」を容認，「日の丸・君が代を尊重」と答弁。社会党中執も追認（原発も容認）
			9.13	ルワンダ難民救済のために PKO 協力法に基づいた自衛隊派遣を決定
			10.13	大江健三郎にノーベル文学賞（文化勲章は辞退）
			11.2	被爆者援護法案で「特別葬祭給付金」支給を柱にした政府案を与党三党は受け入れた。「国家補償」の文言なし
1995	2.26	2.26 集会「二・二六事件に学ぶ」(内藤洋子・中川晶輝)〈日本キリスト教婦人矯風会館（以下〈矯風会館〉)〉	1.17	AM5：46　阪神淡路大震災（M7.3 の直下型大地震）発生
	4.28～29	春季研修会「戦後補償と憲法」(内田雅敏)〈戸山サンライズ〉	1.30	米国立スミソニアン航空宇宙博物館が 5 月から開催予定の「原爆展」を中止。「軍国日本に同情的すぎる」と批判されたため
	4.29	定期総会「敗戦 50 周年にあたっての本会声明案」可決	3.20	地下鉄サリン事件発生
	9.18	「国際関係から見た 9.18 事変─改めて昭和天皇の戦争責任を問う」(小川正明・松川七生子)〈矯風会館〉	8.15	村山首相が「植民地支配と侵略によって，多くの国々，とりわけアジア諸国の人々に対して多大の損害と苦痛を与えた」として「痛切な反省の意を表し，心からのお詫びの気持を表明」すると談話を発表
	9.23	東京探訪Ⅱ（ガイド＝西川重則）	9.4	沖縄県で女子小学生が米海兵隊員 2 名と米海軍軍人 1 名に暴行される
			10.30	核兵器使用が国際法に違反するかどうかについて，国際司法裁判所が国連加盟国から意見を聴く。平岡広島市長・伊藤長崎市長は「国際法に違反」と証言。日本政府は判断示さず
			11.5	江藤隆美総務庁長官が記者との懇談で「植民地時代に日本は韓国によいこともした」などと発言，13 日辞任

1991	4.29	定期総会	4.24	政府はペルシャ湾岸の機雷除去のため海上自衛隊掃海艇の派遣決定
	9.18	9.18 集会「30 年代の教育界を教育現場から」(狩野秀夫)「30 年代の教会は」(中川晶輝)〈日本キリスト教団会議室〉	5.3	海部首相がシンガポールでの演説の中で「歴史認識で厳しく反省」と発言
	11.22 ～ 23	秋季研修会「91 年―いま遺族は問う」(古川佳子)〈大阪箕面〉	12.31	韓国と北朝鮮が朝鮮半島の非核化に関する共同宣言に仮調印
1992	1.17	湾岸戦争反対でアメリカ大使館・外務省に抗議	1.14	東京即位礼・大嘗祭訴訟，東京地裁提訴
	2.2	小川武満大阪高裁で「靖国訴訟」の証言	1.18	神奈川即位礼・大嘗祭訴訟，横浜地裁提訴
	2.25	2.26 集会「日本のキリスト教会はどうだったのか」(カトリック＝木邨健三，プロテスタント＝北川裕明)〈日本キリスト教団会議室〉	6.5	参院国際平和協力特別委で PKO 協力法案を自公民 3 党による多数で修正可決。15 日社会党 137 人社民連 4 人が議員辞職願いを提出。衆院本会議で同法案可決，成立。30 日桜内議長が「「辞職願」は認められぬ」と伝達。
	4.28 ～ 29	春季研修会「アジアから問われるもの―隣人なき天皇制」(鈴木正三)〈ラ・サール研修所〉		
	4.29	定期総会	7.26	参院選挙： 自民 69　社会 22　公明 14 共産 6　日本新党 4　民社 4
	9.18	9.18 集会　つどいの会と合同学習会 (藤田祐・月村順一)		
	11.2	秋季研修会「PKO 法案成立後の我々の課題」(手塚愛一郎・久保義宜・西川重則)〈宇都宮コンセーレ〉	10.23	天皇・皇后が中国訪問，歓迎会で「中国国民に対し多大の苦難を与えた不幸な一時期…これは私の深く悲しみとするところ」と語った
			12.18	長崎忠魂碑訴訟の控訴審で福岡高裁が原告全面敗訴の逆転判決
1993	2.26	2.26 集会「農村社会経済と窮乏から見た 2.26 事件」(島津晃)〈真生会館〉	2.16	箕面忠魂碑移設・慰霊祭訴訟，最高裁合憲判決
			4.23	天皇・皇后沖縄訪問
	5.3 ～ 4	春季研修会「いま，この国にあって主に従う―非戦主義の今日的意義　H・シュテールの生涯に学ぶ」(雨宮栄一)〈戸山サンライズ〉	5.4	カンボジアで日本人文民警察官が武装集団に襲われて死亡
			6.9	皇太子結婚式
	5.4	定期総会　委員長交代 (小川武満→西川重則)	7.18	第 40 回総選挙，自民が過半数を割り，社会は歴史的惨敗。新党の三党が躍進して「55 年体制」が崩壊
	9.18	9.18 集会『昭和天皇の終戦史』の読書会 (北川裕明・木邨健三・湯川貞子・水谷信栄・中川正子・井上健・西川重則)〈日本カトリック会館〉	8.6	衆院議長に土井たか子社会党元委員長，女性議長は国会史上初
			8.9	細川護熙連立内閣成立，38 年ぶりの非自民政権。6 名の党首が入閣
			8.10	細川首相会見で太平洋戦争は「侵略戦争で間違った戦争であった」と発言
			12.2	改憲発言で中西啓介防衛庁長官が辞任

1988	9.22〜23	研修会「大嘗祭と天皇制」(角田三郎)〈新潟中央公民館・新潟中通教会〉	12.7	本島長崎市長「天皇に戦争責任がある」と発言し内外に大いに波紋がひろがる
1989 (平成1)	2.23	「昭和天皇の国葬を許さない2.23集会」([平全連]その他共催)	1.7	「昭和天皇」死去，明仁即位改元
			1.8	平成元年
	2.25	2.26集会「30年代の日本と満州」(小川武満)〈日本YWCA〉	2.11	「日の丸」「君が代」義務づけマスコミ報道
	4.28〜9	研修会「主とともに歩んだ20年」(小川武満)〈早稲田奉仕園〉	2.24	「昭和天皇」葬儀に各地で抗議集会，抗議声明相次ぐ
	4.29	総会で「20周年記念声明」を採択	3.17	愛媛玉ぐし料違憲訴訟，松山地裁で原告側勝訴
	7.7	[平全連]満3周年記念集会(文京区民センター)	6.3	宇野宗佑内閣成立
	8.15	[平全連]第2回平和を願う遺族の集い(行進とリレー演説会)	8.9	第1次海部俊樹内閣成立
	9.18	9.18集会「いと小さき消されたいのち」(小川武満・南部正人・北川裕明)〈早稲田奉仕園〉	11.9	大阪靖国神社訴訟(原告遺族6人)，大阪地裁にて敗訴
	11.2〜3	研修会「新象徴天皇制と大嘗祭」(大川一郎)〈長野ビレッジ安曇野〉		
	12.25	遺族文集『「石は叫ぶ」第四集』刊行		
1990	2.27	2.26集会「朝鮮の歴史を学ぶ」〈日本YWCA〉	1.18	本島長崎市長が「昭和天皇戦争責任発言」で右翼から銃撃された
	4.29〜30	春季研修会「即位の礼・大嘗祭と私達の信仰」(西川重則・小池創造・三浦永光・中川正子・朴晋雨)〈ラ・サール研修所〉	4.1	学習指導要領改訂により，小中高校の入学式での日の丸掲揚と君が代斉唱が義務化
	4.30	定期総会，事務所を中川正子方に	4.22	フェリス女学院大学学長弓削達氏宅に銃弾が撃ち込まれる
	5.25	『「石は叫ぶ」第四集』出版記念会〈早稲田奉仕園〉	8.9	本島市長，長崎市の平和記念式典で初めて外国人被爆者に謝罪した
	9.18	9.18集会「世界はどう見ていたか」(岡本不二夫)「戦時中の議会・政党はどうだったのか」(井上健)〈日本YWCA〉	10.16	政府は自衛隊を国連の平和維持活動に参加させるための「国連平和協力法案」を提出。平和団体などから「憲法九条の規定に反する」と反対行動が相次ぐ。11.8廃案
	11.22〜23	秋季研修会「初めての大嘗祭—どのようにして天皇制は確立したか」(西川重則・吉原稔)〈堅田教会〉	11.12	天皇が即位の礼で即位を宣言 158ヵ国・2国際機関代表が出席
			11.18	沖縄県知事選で大田昌秀琉球大名誉教授が当選
			11.22〜23	大嘗祭
1991	2.26	2.26集会「2.26事件とは」(池永耐子)「天皇機関説」(高倉謙次)〈日本YWCA〉	1.10	岩手靖国訴訟で仙台高裁，玉ぐし料支出は違憲との判決
	4.28〜29	春季研修会「ポスト大嘗祭をどう生き抜くか—キリスト者の在り方」(牧野信次)〈ラ・サール研修所〉	1.17〜2.24	湾岸戦争

1985	5.2 ～3	研修会「85年をいかに闘うか―箕面訴訟に学ぶ」（加島宏）〈早稲田奉仕園〉	8.9	「靖国懇」,「適切な方式」での公式参拝を認める報告書を政府に提出
	9.17	「「全国平和遺族会」結成をめざして」集会〈家の光会館〉	8.15	中曽根首相「公式」参拝を強行, 戦後の首相では初
	11.22 ～23	研修会「友のために命を捨てるとは―平和遺族会の課題を求めて―」〈山梨厚生年金会館〉	8月 9月	中国など, 中曽根首相「公式」参拝に対して抗議デモ, 内外に抗議集会, 声明多数
1986	2.25	2.26集会「みんなで考えよう！ 2.26前夜」（大村修文・木邨健三・中川正子）〈真生会館〉	4.29	天皇在位60周年記念式典
			5. 24	『新編日本史』（日本を守る国民会議編）原稿本内容一部朝日新聞に報道
	5.2 ～3	研修会「君は戦争を選ぶか―9条の今日的意義―」（杉原泰雄）〈早稲田奉仕園〉		
	7.7	「平和遺族会全国連絡会」（以下[平全連]）結成集会〈日仏会館〉		
	9.18	9.18集会「証言集会」（飯田正吉・小川武満・木邨健三・北川裕明）〈日本YWCA〉		
	9.22 ～23	拡大実行委員会〈早稲田奉仕園〉		
1987	2.26	2.26集会「中国から学ぶ」（川村一之）〈日本YWCA〉	2.3	高松宮宣仁死去
			3.5	岩手靖国違憲訴訟, 盛岡地裁合憲判決（原告敗訴）
	5.4 ～5	研修会「靖国問題と私達の課題―アジアから日本を考える」（ル・ペイチュン）〈小田原教会〉	7.16	箕面忠魂碑移設・慰霊祭訴訟, 大阪高裁合憲判決（控訴人敗訴）
	7.7	[平全連] 結成1周年記念集会	8.15	「英霊にこたえる会」「日本を守る国民会議」共催の「戦没者追悼中央国民集会」（靖国神社境内）
	9.18	9.18集会「中国からみた日本―9.18事変と私達」（小島晋治）〈家の光会館〉	11.6	竹下登内閣成立
	9.14 ～5	研修会「平和憲法40年と戦没者遺族」（小川武満）〈浜松/遠州教会他〉		
1988	2.25	2.26集会『生きている二・二六』著者池田俊彦氏を囲んで〈日本YWCA〉	2.3	山口自衛官合祀拒否訴訟, 最高裁口頭弁論
			6.1	同上最高裁合憲判決
	5.3 ～4	研修会「天皇の葬儀と大嘗祭」（笹川紀勝）〈朝日生命国立研修センター〉	9.19	天皇吐血, 9.22見舞いのための一般記帳始まる
	7.7	[平全連] 満2周年記念集会〈文京区民センター〉	10.14	箕面補助金訴訟, 大阪地裁合憲判決（控訴人敗訴）
	8.15	[平全連] 第1回平和を願う遺族の集い（行進とリレー演説会）		
	9.18	9.18集会「1931年9月18日を支えた私たち」（中川晶輝・正子・小川武満・西川重則）〈日本YWCA〉		

1981	11月	西川重則副委員長をフランス，ドイツに派遣 沖縄キリスト教学院，一坪献金に送金		
1982	5.3〜4	研修会「抵抗権—その歴史と課題」（渡辺信夫・西川重則）〈早稲田奉仕園〉	3.24	箕面忠魂碑移設訴訟，大阪地裁違憲判決
			4.13	毎年8月15日を「戦没者を追悼し平和を祈念する日」に閣議決定（以後，毎年反対集会を行う）
	9.18	9.18集会「侵略の実像を語る」（陳野守正）〈早稲田奉仕園〉		
	11.22〜3	研修会「わたしたちにとって追悼とは何か」（幸日出男）〈名古屋教会〉	6.1	山口自衛官合祀拒否訴訟，広島高裁違憲判決
			8.15	天皇，カゼのため全国戦没者追悼式にはじめて欠席
			11.27	第1次中曾根康弘内閣成立
1983	5.2〜3	研修会「83年をいかに闘うか」（小川武満・山下秀雄）〈早稲田奉仕園〉	3.1	靖国違憲訴訟連絡会議結成
			3.1	箕面忠魂碑慰霊祭訴訟，大阪地裁違憲判決
		中曾根首相靖国参拝抗議声明〈6.2送付〉	11.9	天皇，レーガン米大統領を赤坂迎賓館に迎えた
	8.6	霊璽簿抹消要求（第5回）のため靖国神社・宮内庁へ行く		
	9.17	9.18集会「天皇の戦責を問う」手作り証言集会〈早稲田奉仕園〉		
	11.1	小川委員長70歳を期して『平和を願う遺族の叫び』を刊行		
	11.2〜3	研修会「みことばに学ぶ—平和を作り出す遺族—」（森野善右衛門）〈仙台/茂庭荘〉		
	11.22	『平和を願う遺族の叫び』出版記念会〈東京都教育会館〉		
1984	2.27	2.26集会〈白井新平氏宅〉	6.30	公式参拝反対のための6.30緊急集会
	5.4〜5	研修会「84年をいかに闘うか」（大川一郎・二宮忠弘）〈早稲田奉仕園〉	8.3	閣僚の靖国神社参拝に関する懇談会（以下「靖国懇」）初会合
	9.18	9.18集会「日韓教会の過去に学ぶ」（池明観）〈早稲田奉仕園〉	8.12	靖国神社境内で日本遺族会青年たちが公式参拝実現のために断食祈願を行なう
	11.22〜3	研修会「戦没者遺族とは」（熊野勝之・神坂玲子・古川佳子）〈箕面市民会館他〉	9.6	全斗煥韓国大統領来日，天皇と会見
			10月	日本キリスト教連合会，「靖国懇」からの意見提出依頼を拒否
1985	2.25	2.26集会「わたしにとっての2.26」〈早稲田奉仕園〉	2.11	「建国記念の日を祝う会」の式典に中曾根首相出席

1978	5.4 ～ 5	研修会前の総会にて，福田首相靖国参拝に対する抗議声明採択	3 .13	福田首相が国会で「有事立法」を検討するよう指示したと答弁
		研修会「ヤスクニ違憲訴訟と今後の課題」（今村嗣夫・西川重則他）	10.3	元号法制化実現国民会議（大会）（議長石田和外）
	8.5	アジアの証言集会	10.17	靖国神社「A 級戦犯」合祀
	8.15	福田首相参拝抗議行動	12. 7	第 1 次大平正芳内閣成立
	9.18	9.18 を考える集会	12.12	三重県議会公式参拝請願意見書可決
	11.22 ～ 23	研修会〈札幌〉「公式参拝の違憲性」（今村嗣夫・西川重則）		
1979	1.26	「有事立法」に反対するキリスト者連絡会議結成（5 月の総会で正式に団体加入を決議）	2 月	「スパイ防止法制定促進国民会議」発足
	2.12 ～ 14	台湾遺族団上京，小川武満宅止宿，会の有志二夜にわたって懇談	2.2	「元号法案」国会に提出
	2.26	2.26 を考える会〈東京〉	3.22	山口自衛官合祀拒否訴訟，山口地裁判決（原告中谷勝訴）
	4.21	大平首相靖国参拝に抗議行動	6.6	元号法成立，12 日公布，即日施行
	5.2 ～ 3	研修会「生きるにも死ぬにも」〈富坂セミナー・ハウス〉	10.17	山口自衛官合祀拒否訴訟，広島高裁控訴審開始
		10 周年記念講演の集い（渡辺清・中川晶輝・西原若菜）		
	7.7	7.7 を考える会（湯浅謙・宍戸寛）〈早稲田奉仕園〉		
	8.15	「キリスト者に訴える」を発表		
	11.22	遺族文集『続「石は叫ぶ」』を刊行		
	11.22 ～ 23	研修会「中谷訴訟と私たちの課題」（小池健治）〈山口/ゆだ苑〉		
1980	5.3	研修会「教育の中の天皇」（亀山利子）〈早稲田奉仕園〉『続「石は叫ぶ」』出版記念会〈早稲田奉仕園〉	6.12	大平首相病死
			6.22	初の衆参同時選挙，自民党議席を大幅に増加
	6.11	沖縄を学ぶ夕べ〈天理教中央教会〉	7.17	鈴木善幸内閣成立
	11.22 ～ 23	研修会「沖縄にとっての天皇制」（金城重明・中原俊明）〈那覇中央教会〉	8.15	鈴木首相と閣僚多数が靖国参拝
1981	4	沖縄報告集会〈天理教中央教会〉	2.24	ローマ法王来日，天皇と会見
	5.4 ～ 5	研修会「靖国法案の源流」（戸村政博・西川重則）〈早稲田奉仕園〉	3.16	岩手靖国訴訟，盛岡地裁提訴
	5.4	都内ヤスクニ巡り	3.18	「みんなで靖国神社に参拝する国会議員の会」結成，参拝（以後 8.15，春秋大祭に集団参拝）
	8.17	平和集会「沖縄の原点から平和を作り出そう」	10.27	「日本を守る国民会議」発足
	9.18	9.18 集会（日中 15 年戦争を問う―映画「侵略」）		

1974	5.25	戦没者遺族として靖国神社法案に抗議する	5.25	靖国法案衆院で強行可決，参院送付
	12.6〜7	臨時総会・研修会。法案再提出反対決議。「信教と良心の自由を守るために「靖国違憲訴訟提起宣言」」発表	6.3	同案，参院審議未了にて廃案
		「違憲訴訟の本質」（西川重則，角田三郎）	11.7	天皇夫妻伊勢神宮参拝（28 年ぶり剣璽動座）
			12.9	三木武夫内閣成立
1975	5.3	遺族文集『石は叫ぶ』刊行，総会	2.14	「藤尾私案」（表敬法案）提示
	8.15	「戦没者遺族宣言」発表	5.11	英女王伊勢神宮訪問
	8 下旬	「違憲訴訟の確認と表明」を携え，宮内庁，内閣に趣旨説明に行く	7.2	衆院内閣委「戦没者ら慰霊に関わる参考人意見陳述」
	11.23〜24	研修会「天皇と靖国」（西川重則・小川武満）	8.15	「全国戦没者追悼式之標」が「全国戦没者之霊」と書き改められる
			8.15	三木首相，現職首相として戦後初めて靖国神社参拝
			9.30	天皇夫妻訪米
			10.31	〃　記者団と会見
			11.21	〃　靖国参拝（これが最後）
1976	5.4〜5	研修会「国家と慰霊」（小川武満・角田三郎・西川重則）	2.26	箕面忠魂碑訴訟，大阪地裁提訴
	7	北海道ヤスクニ・キャラバン（角田三郎他）	6.22	「英霊にこたえる会」結成（会長元最高裁判所長官石田和外）
	8.15	「戦没者遺族の訴え」発表	7.11	政府，「内閣告示」を以て元号の存続を言明
	11.10	天皇在位 50 年に抗議声明	11.10	天皇在位 50 年記念式典
	11.22〜23	研修会〈東京〉「キリスト者の主権と国家主権」（木邨健三・吉馴明子・西川重則）	12.24	福田赳夫内閣成立
1977	5.2〜3	研修会「国家主権とキリスト者の良心」（西川重則・小川武満）	2.17	水戸地裁，百里基地訴訟，自衛隊合憲判決
	8.12	宮内庁訪問，天皇の公式参拝は慎重の上にも慎重にと申入れ	6.8	文部省新学習指導要領案，「君が代」を「国歌」と明記
	9.18	9.18 を考える集会〈横浜〉	7.13	津地鎮祭違憲訴訟，最高裁大法廷判決
	10.9〜10	研修会〈福岡〉「国家と良心」（金城誠昭・西川重則・小川武満）	8.23	天皇，「人間宣言」（神格否定）は二の次と発言
			9.11	津地鎮祭違憲訴訟判決報告集会
1978	1.27	靖国違憲訴訟を支援する会を組織	2 .11	政府は「建国記念の日」民間奉祝行事を初めて後援
	2.8	「建国記念の日」（民間奉祝行事）を政府後援とする事に反対する声明	2.22〜23	山口自衛官合祀拒否訴訟（中谷訴訟）東京出張尋問
	5.2	第 4 回霊璽簿抹消要求		

キリスト者遺族の会50年史年表（その2：1969年～1999年）

年	キリスト者遺族の会		ヤスクニ関連事項等	
1969 （昭和44）	2.19	東京告白教会祈祷会の席上，本会結成は急務と話し合う	1.18	安田講堂事件（全国で大学紛争）
	3.10	発起人会	2.7	池田良八靖国神社権宮司TV上で，「靖国神社は宗教団体でない」と発言
	4.18	発会式	3.7	自民党「根本私案」発表
	5.16	機関紙第1号発行	5.15	靖国神社法案成立の暁には，靖国神社は宗教法人を「離脱」するとの声明を発表
	6.13	結成総会	5.18	日本キリスト教会牧師信徒全国一斉ハンスト
	7月	会員・弁護士との話し合い（霊璽簿抹消要求することを決める）	6.30	靖国法案第61回国会に提出（8.5廃案）
	8.15	同上のため靖国神社へ行く	8.2	大学管理法参議院で強行採決
	8.27	池田権宮司との話し合い		
	11.27	講演会（大木英夫）		
1970	4.2	第2回霊璽簿抹消要求	4.14	靖国法案第63国会へ提出（5.13廃案）
	5.2	総会・講演会（森平太） 日本遺族会へ公開質問状・靖国神社への抗議文	5.2	石田和外（最高裁長官）「極右極左のものは」裁判官として不適当と発言
	10月	高柳信一氏が，今村嗣夫，小池健治，松浦基之の三弁護士と違憲訴訟の基本的問題で討議	6.23	安保自動延長期に入る
1971	2.3	弁護士などと違憲訴訟問題を協議	1.22	靖国法案第65国会提出（5.24趣旨説明後廃案）
	3.1	遺族文集（第1集）刊行	5.14	津地鎮祭違憲訴訟，名古屋高裁違憲判決
	5.14	総会	9.27	天皇夫妻，渡欧
	9.20	講演会（神島二郎）		
1972	2.20	国会議員に靖国法案についてアンケートを実施	3.7	中曽根発言（靖国法案再検討）
			4.19	中谷孝文山口県護国神社に26名と合祀
			5.15	沖縄が日本に復帰
			5.22	靖国法案第68国会に提出（6.16廃案）
			7.7	第1次田中角栄内閣成立
1973	4.21	津久井集会	1.22	中谷康子，合祀拒否訴訟提訴
	5.3	総会	4.27	第71国会靖国法案5度目の提出
	9.19	第3回霊璽簿抹消要求	7.19	同法案 提案理由説明
			9.27	衆院，靖国法案継続審議
			12.1	第72国会召集12.20衆院同法案審議凍結解除
1974	1.14	臨時総会，原告団発足	5.12	「政教分離の会」発足
	3.19	靖国法案反対デモ行進	5.13	衆議院法制局見解「靖国神社法案の合憲性」

キリスト者遺族の会 50 年史年表

キリスト者遺族の会 50 年史年表（その 1〈前史〉：靖国神社関連）

1869	6.29	東京招魂社設立
1879	6.4	靖国神社と改称
1882	1.4	明治天皇，陸海軍軍人に「軍人勅諭」を下した
1889	2.11	大日本帝国憲法公布，1890.11.29，施行
1890	10.30	明治天皇，「教育勅語」発布
1911	9.29	「日韓併合に関する条約」に基づき，大日本帝国は大韓民国を併合して統治下においた。そのため，韓国人も日本軍に徴兵され，戦死者は靖国神社に合祀されることになった

・・・・・・・・・・・・・

1928	6.4	張作霖爆殺事件
1929	6.27	上記の件につき，田中義一首相は関東軍の関与を明言せず，行政処分で済ませると天皇に報告。天皇は「それでは話しが違う」と不信感を顕わにした
1929	7.2	田中内閣総辞職。これでは天皇が政治責任を問われると，以後天皇は内閣の上奏案すべてに「裁可」を与えることとしたという
1931	9.18	満州事変（九・一八事件）。日本の関東軍が奉天郊外の柳条湖村で満鉄線路を爆破し，中国軍との戦闘に突入した
1932	1.9	天皇は関東軍の将兵に「忠烈を嘉し……東洋平和の基礎を確立せよ」と勅語を下した
	3.1	満州軍閥らを擁して満州国「建国宣言」発表。溥儀を元首（執政）とした
1936	5.18	軍部大臣現役武官制復活。軍部の政治的要求に反する内閣は組閣できなくなった
1937	7.7	盧溝橋事件（「七・七事変，北支事変」）北京郊外の盧溝橋付近で日中両軍が衝突し，全面的な日中戦争に突入
1941	12.8	日米開戦し，太平洋戦争へと拡がった

・・・・・・・・・・・・・

1945	8.14	御前会議で「ポツダム宣言」受諾決定 靖国神社はウオァ・シュラインとも呼ばれて廃絶も考えられたが，「どこの国でも，国民は国家のための戦死者に敬意を表す権利と義務を有す」とのカトリック神父の助言もあって，存続することになった
	11.20	臨時大招魂祭が行われ，200 万人超の戦死者が招魂された。天皇も礼拝
	12.15	GHQ「神道指令」
1946	1.1	「新日本建設に関する詔書」—人間宣言発布 靖国神社は，東京都知事認証の宗教法人となる
1947	5.3	日本国憲法施行。前日（5.2）登極令が廃止され，代わるべき新法律がないまま，皇位，宮中祭祀などは，宮内府文書課長の依命通牒により，従前の例にならって「処理」温存された
1948	6.19	教育勅語，軍人勅諭，失効決議（衆参両院）

石は叫ぶ　靖国反対から始まった平和運動50年

2023年8月15日　初版1刷発行

編　者　キリスト者遺族の会
〒251-0015　藤沢市川名181-18　B1204 坂内方

編集責任　吉馴明子
木村庸五

発行者　中村文江

発行所　株式会社 刀水書房
〒101-0065　東京都千代田区西神田2-4-1 東方学会本館
TEL 03-3261-6190　FAX 03-3261-2234　振替00110-9-75805

組版　MATOI DESIGN
印刷　亜細亜印刷株式会社
製本　株式会社ブロケード

ISBN978-4-88708-483-4　C1030